金融前沿问题研究论文集

龙 菊 主编

JINRONG QIANYAN WENTI YANJIU LUNWENJI

全国百佳图书出版单位
百佳
中华人民共和国新闻出版总署评定

中国时代经济出版社

图书在版编目（CIP）数据

金融前沿问题研究论文集/龙　菊　主编.
—北京：中国时代经济出版社，2012. 2
ISBN 978-7-5119-0984-8
Ⅰ. ①金… Ⅱ. ①龙… Ⅲ. ①金融学-文集
Ⅳ. ①F830
中国版本图书馆 CIP 数据核字（2011）第 227210 号

书　　名：金融前沿问题研究论文集
作　　者：龙　菊　主编

出版发行：中国时代经济出版社
社　　址：北京市丰台区玉林里 25 号楼
邮政编码：100069
发行热线：（010）83910203
传　　真：（010）83910203
网　　址：www. cmepub. com. cn
电子信箱：zgsdjj@ hotmail. com
经　　销：各地新华书店
印　　刷：北京画中画印刷有限公司
开　　本：787×1092　1/16
字　　数：146 千字
印　　张：9. 5
版　　次：2012 年 2 月第 1 版
印　　次：2012 年 2 月第 1 次印刷
书　　号：ISBN 978-7-5119-0984-8
定　　价：35. 00 元

前 言

本书由首都经济贸易大学金融学院部分教师的论文汇集而成，这些论文是我们对金融、保险及教学等方面的前沿问题研究和探索的成果。首都经济贸易大学金融学科创立于1978年，现有金融学、金融工程、保险学和金融学（国际金融）四个本科专业和专业方向，具有金融学硕士和博士学位授予权。金融学科是北京市重点学科，金融学专业为北京市特色专业。30多年来，金融学院已向北京市和全国20多个省、市、区的金融系统输送研究生、本科生7000余人，他们中的绝大多数已成为金融领域的业务骨干，不少人还担任了重要领导职务。目前，学院有在读本科生近800人，在读硕士、博士研究生170多人。

经过多年的建设，金融学院已形成一支具有高职称、高学历、有较大学术影响和强烈敬业精神的师资队伍。现有专职教师30余人，其中，教授9人，副教授19人，65%以上的教师具有博士学位。为了提高教学质量，达到尽可能理想的教书育人效果，金融学院教师不但踊跃承担教学任务，深入钻研教学的艺术和技巧，而且依托所教课程和专业开展了一系列卓有成效的研究工作。近5年来主持和参与各项科研课题70项，其中国家级课题3项，省部级课题19项。学院曾连续多年保持首都经济贸易大学科研活动“五个一”先进单位称号，共获得国家级、省部级以及其他科研成果奖励14项。本论文集中，既有教师对课程教学的经验提炼，也有关于教育教学改革的心得体会，还有围绕所主持的科研课题而获得的阶段性研究成果。尽管其中难免有很多不足之处，但也不乏建立在求真务实基础上的闪光点，在与各位同仁交流的同时，敬请各位读者批评指正。

龙 菊

2012年2月

目　录

地方政府如何以循环经济思路发展静脉产业

崔燕敏

循环经济的概念萌芽于20世纪60年代，以美国经济学家鲍尔丁提出的“宇宙飞船理论”为早期代表，其观点为：整个地球就如同太空中的宇宙飞船，依靠其自身的资源维持，一旦资源消耗殆尽，宇宙飞船也就无法生存了。同理，如果我们还是如以前那般线性地利用地球上的资源，地球也将像宇宙飞船那般因为资源的耗竭而走向灭亡。进入90年代，循环经济开始作为实践性概念出现于德国、日本和美国等发达国家，大力发展静脉产业是这些国家实践循环经济的主要手段。

静脉产业（Venous Industry）一词最早是由日本学者提出。他们把废弃物排出后的回收、再资源化相关领域形象地称为静脉产业，就如同人体血液循环中的静脉一样。静脉产业的发展是将循环经济的理念贯彻到社会经济发展模式当中，真正实现经济和人类社会的可持续发展。所谓循环经济，是相对于传统的“资源－产品－废弃物”这样的线性经济模式来说的，它将线性经济模式改造为“资源－产品－废弃物－再生资源”这样的闭环经济模式，使参与经济活动的物质要素流动具有环状特征，减少对原生自然资源的开采，注重资源的循环利用，从而把经济系统对自然生态系统的影响降低到最低程度。

静脉产业又被称为“静脉经济”、第四产业。其实质是运用循环经济理念，有机协调当今世界发展所遇到的两个共同难题——“垃圾过剩”和资源短缺。将人类生产和消费过程中产生的废弃物回收、处理，使其“变废为宝”，通过对废弃物的再循环和资源化利用，最终使自然资源退居后备供应源的地位，自然生态系统真正进入良性循环的状态。

在生产和消费过程产生的废弃物中，城市生活垃圾的问题最为严重和突出。

改革开放以来，中国经济得到了快速发展，作为当今世界上经济增长速度最快，城市化和工业化发展速度惊人的国家，生产和消费过程中产生的废弃物也随之呈加速增长的态势，其增长率超过了GDP的增长率。粗放型的经济增长模式不仅造成了资源的过度开采使用，也使居住环境越来越恶化，巨大的垃圾产生量和低下的利用率对资源环境构成了极大的威胁和挑战，成为制约我国社会经济发展的极大障碍。据统计，目前我国城市人均日产垃圾约1公斤，垃圾人均年产量达440公斤。仅就北京而言，目前，北京市生活垃圾年产生量约为670万吨，日产生量1.84万吨，如果用装载量2.5吨的车辆来运输，首尾相连，汽车可排成全长47.8公里的一字长蛇阵，可绕三环路一圈。我国的600座城市，目前已堆放或填埋各类垃圾80亿吨，有2/3的城市被垃圾群包围；约有80万亩耕地被迫用于堆置存放垃圾。

垃圾问题已是民众民怨最集中的问题之一，也已经成为了各地经济可持续发展最严重的约束条件之一。从民生意义上来看，垃圾处理问题对社会民生的重要性，绝不亚于当前社会热议的教育、医疗、社会保障和住房等问题。

城市垃圾的急剧增长，不仅直接导致人类生存环境空间的缩窄和恶化，而且给空气、土地、水源等带来二次污染，对人类生活环境和身心健康构成了极大威胁；同时它的急剧增长作为对整个地球产生温室效应的客观因素之一，又间接地引发了人类生存所不断面对的巨大自然灾害的威胁。正因如此，如何有效解决垃圾数量急剧增长所带来的问题和压力，如何能够减轻甚至消除垃圾增长所带来的负面效应，使其能够“变废为宝”，已经成为各国政府乃至各国科学家共同面对的一个世界性的重大课题和难题。

生活垃圾处理是城市管理和公共服务的重要组成部分，是改善城乡生态环境，保障城市安全运行，关系民生的基础性公用事业。

实际上，垃圾中含有丰富的资源，如果将垃圾回收利用，充分开发利用垃圾这个“城市矿山”，生产再生资源，达到资源利用效率最大化，会成为解决我国经济发展和资源短缺之间矛盾的有效手段。这一点已经在像美国、德国、日本等较早发展静脉产业的国家得到了体现，在美国，每年静脉产业（垃圾产业）创造的利润就达2360亿美元，相当于全美汽车工业产值，而且提供了几十万个就业机会；在德国，静脉产业已经成为一个重要的产业，每年就有约410亿欧元的营业额，并可创造20多万个就业机会，在日本也是一样，每年仅回收和再资源化产业一项的产值就高达21兆日元，创造了57万个就业机会。这些国家的静脉产业之所以得到如此大规模的发展，并创造出如此高的产值，有如下几个方面的经验和做法值得我们思考和借鉴：

1. 严格立法。从国家法律层面上对静脉产业的发展给予了保障，它们在构建循环型社会方面有一整套的立法，通过这些法律法规，不仅使民众加强了保护环境的法律意识，而且还增强了人们对环境的忧患意识。比如，日本有关静脉产业的基本法律体系分为三个层次：首先是基本法层面，包括《环境基本法》和《循环型社会形成推进基本法》；第二是综合法层面，包括《固体废弃物处理和公共清洁法》和《资源有效利用促进法》；第三是各种专项法层面，如《容器包装分类回收及再生利用促进法》《特定家用电器再生利用法》等。德国的相关立法体系包括宪法、普通专项法律、条例和指南四个层次。1996年《循环经济与废物法》生效，成为德国建设循环型社会的总纲性专项法律，是静脉产业法律体系的核心，其强调生产者的责任和意识，要其生产者对其产品的整个生命周期负责，规定废弃物的管理原则是：避免产生—循环使用—最终处置。在这一法律框架下，不同的行业有不同的循环经济法规，如《饮料包装押金规定》《废旧汽车处理规定》《废旧电池处理规定》《废木料处理办法》等。

2. 为了促进静脉产业的发展，制定了相应的优惠政策。如税收方面的优惠政策，贷款方面利率的优惠政策以及价格上的优惠政策等。

3. 环境教育。一种新的社会发展模式能否在一个国家顺利实施，受该国的国民价值观、道德观的影响很大，国民的积极参与是建立新社会发展模式的必要条件，另一方面，企业的生存依赖消费者，那么在有经济利益的前提下，消费者的消费取向决定了企业的生产方向，故消费者的环保意识提高对企业环境意识的提高有着很大的促进作用。因此环境教育对于静脉产业的发展起着重要的作用。通过加强对学校、企业、社会各个层次多渠道的教育，可以为静脉产业的发展打下良好的公众基础，消费者的绿色消费意识和企业的环境意识都会得到明显提高。

在过去20多年里，中国经济的持续高速增长创造了令世界瞩目的奇迹，但也付出了高昂的代价。据中科院测算，2003 年中国消耗了全球 31%、30%、27%和 40%的原煤、铁矿石、钢材、水泥，创造出的 GDP 却不足全球的 4%。这种浪费型发展模式使煤、电、油、运“荒”声一片。有多个省、直辖市、自治区发生拉闸限电现象。走循环经济的发展道路，提倡再循环、再利用的循环经济势在必行。

党的十六届五中全会就已明确提出“大力发展循环经济，完善再生资源回收利用体系”的要求。从那时起，很多地方政府都纷纷颁布了有关城市垃圾管理的法律法规和管理办法，但从整体上看，这些文件的颁布缺乏落实和监督，很多情况是颁布归颁布，很难落实到位。根据对发达国家好的经验的研究，针对我国地方政府如何以循环经济的思路发展静脉产业，我们提出以下几点建议：

1. 政策保证 进入规划。在城市发展规划中，重视经济科技发展与城市功能完善的关系。强调实现高科技产业发展、推进城市化建设与完善城市生活环境基础设施和公共服务设施相协调。加强城市垃圾的管理首先要在政策层面以地方法规的方式做出明确规定，制定出严格的垃圾管理标准。

2. 市场化运营 充分发挥垃圾管理的经济效益。对污水处理，垃圾处理等项目，可鼓励采用 BT、BOT 等形式吸引社会资本进入，提升开发与建设效率。

3. 系统规划 配套设计 制定完整的垃圾管理标准。对垃圾管理系统的设计，从源头的垃圾分类、收集、中转、清运、填埋或焚烧，必须配套进行，并保证随着人口的增加，该系统要能够满足城市长远的发展需求。

4. 分步实施 试点先行。在还没有完整的垃圾管理样板的情况下，可采取分步实施，建立试点的方式逐步在整个地区推行完整统一的垃圾综合管理体系。

5. 加强公众的环境教育。通过各种途径的宣传教育，使民众自觉自愿的保护环境，提高公民意识，使所颁布的各项规章制度能真正落实到位。

有关金融专业《货币银行学》课程改革的思考

冯瑞河

[**内容提要**] 而今，货币银行学正受到严峻的挑战，其与金融理论及现实之间的脱节现象日趋严重，其金融专业基础理论课的地位正在逐渐丧失。为了重新恢复其在整个金融学科中的基础地位，有必要基于金融理论与实践的现实背景对其进行改革。这既包括对其名称的改革，也包括对其内容体系和框架的改革，并处理好货币银行学与其他相关学科的关系。

[**关键词**] 金融学　货币银行学　货币金融学

货币银行学是1990年国家教委（现教育部）规定的财经类院校的核心课程之一，同时是统领整个金融专业学科的基础入门课程。作为金融学科的基础理论课，它应当能够为后续课程，如商业银行管理学、金融市场学、中央银行学、投资学、公司金融等提供相应的概念、理论及分析方法。

传统的货币银行学形成于20世纪初，其研究对象主要是货币、银行及信用问题。之后，货币金融理论在整个世界范围内发生了巨大的变化，融资的对象货币已演化为更为广泛的金融资产，融资的机制也已经从单一银行发展成为包括非银行金融机构和金融市场在内的更为复杂的金融体系。时至今日，金融实践日渐国际化、全球化，金融理论研究的微观化趋势也日趋明显。传统的货币银行学的内容框架与现实金融活动及后续课程的脱节现象日渐突出。在这种背景下来思考《货币银行学》学科建设的问题便显得十分重要。

一、《货币银行学》的由来及在国内外的发展情况

（一）货币银行学名称的由来

有关货币金融问题的研究由来已久，但在20世纪以前，货币金融问题

的研究是包含在经济研究之中，与哲学、伦理学、政治学等学科是融合一起的，尚未从经济学体系中分化出来，没有形成自己独立的体系和范畴。20世纪初，以美国学者和银行家霍斯华茨（J. H. Holdworth）所著的《货币与银行》（*Money and Banking*）为代表，以银行为中心，以货币、信用、银行和国际金融关系为研究对象的货币银行学才在一系列早期货币金融理论问题研究的基础上被建立起来，成为经济学体系的一个分支，货币银行学即因此而得名。由此，金融逐渐从经济学中分离出来，成为一个独立的学科。

自货币银行学成为一个独立的学科以来，它始终在经济金融理论和实践发展的大背景下不断发展和完善这自己，这无论是在西方发达市场经济国家，还是在我国都有着鲜明的体现。

（二）货币银行学在国内外的发展状况

1. 货币银行学在西方的发展。在西方被我们称之为货币银行学的学科①已有近100年的发展历史。理论界一般认为，经过这近100年的发展，到目前为止，西方金融研究的发展大致形成了两种模式，即经济学院模式和商学院模式。经济学院模式着重从宏观经济角度来审视金融，侧重于研究货币、银行、金融市场在宏观经济中的作用传导机制等问题；商学院模式则以微观金融资源配置为研究对象，主要研究居民、企业利用金融工具，从事经济决策，寻找最大收益所需要的方法和技术。事实上，两种模

① 在西方版的近似我国货币银行学的教材很少称之为“货币银行学”（见下表）。

著作名称	作者	出版社
The Economics of Money and Banking（货币与银行经济学）	S. M. Goldfeld and L. V. Chandler	New York：Harper & Row，Publishers，Inc.
Money，Banking，and the Economy（货币、银行与经济）	T. Mayer，J. S. Duesenberry and R. Z. Aliber	W. W. Norton & Company，New York • London
Money，Banking，and Financial Markets（货币、银行与金融市场）	L. B. Thomas	South－Western College Pub
The Economics of Money，Banking，and Financial Markets（货币、银行与金融市场经济学）	F. S. Mishkin	Prentice Hall

式之间并非存在着不可逾越的界限，相反，二者却呈现出了不断融合的趋势，例如，与传统的哥尔特菲尔德和钱德勒（S. M. Goldfeld and L. V. Chandler）的《货币银行学》（*The Economics of Money and Banking*）以及托马斯·迈耶（T. Mayer，J. S. Duesenberry and R. Z. Aliber）等人的《货币、银行与经济》（*Money，Banking，and the Economy*）不同，在托马斯（L. B. Thomas）的《货币、银行与金融市场》（Money，Banking，and Financial Markets）和被看做是当代经济学院模式典型代表的弗雷德里克·S·米什金（F. S. Mishkin）的著作《货币金融学》（The Economics of Money，Banking，and Financial Markets）中，便在宏观分析框架中引入了诸如资产组合理论、有效资本市场理论以及资本资产定价等微观元素，从而使其理论体系具有更多微观特征。而作为商学院模式主要代表的兹维·博迪（Z. Bodie）与罗伯特·C·莫顿（R. C. Merton）合著的著作《金融学》（Finance）对微观资本和资产配置效率的研究也加入了有关金融体系及其功能等的分析，并将其作为研究不确定条件下资源跨期配置问题的基础。

在上述两种模式中，我们的货币银行学更近似于经济学院模式，并且处于传统阶段。

2. 货币银行学在我国的发展历程。在我国，有关货币银行学课程的教学可追溯到20世纪的20年代，在1930年黎明书局出版的朱彬元著《货币银行学》的《自序一》里，便有1923年在清华大学开设“货币银行学讲席”的记载。此时货币银行学的教学内容主要是从西方引进的。

20世纪50年代，采用苏联模式，中国人民大学开设了两门有关货币银行学的课程，即《资本主义国家的货币流通与信用》和《社会主义的货币流通与信用》，此时已完全中断了对西方货币银行学的引进。1958年之后，为了对苏联模式有所突破，中国人民大学又出版了《货币信用学（上册）》（中国人民大学出版社，1959），试图将两门课合并为一门课。

肇始于20世纪70年代末的经济体制改革，带来了货币银行学发展的春天，尤其是1990年货币银行学被确定为财经类院校10门核心课之后，货币银行学的教学与课程建设进入了一个新的阶段，相关的教材大量出现，这既包括从国外引进的，也包括本土的。

自1997年起，一些设有金融专业的高校，相继组织全国性的研讨会，讨论新世纪金融学科建设的方向、重点和规划，其中关于货币银行学的学科定位、课程内容等成为人们热烈讨论的问题。随后，出现了一些带有改革意味的以《货币金融学》《金融学》《金融学原理》《金融学概论》等命名的教材，有的还具体分为《宏观金融学》《微观金融学》。具有代表性的教材见下表[①]。

教材名称	编著者	出版社
《金融学》	王松奇　李扬　王国刚	中国金融出版社（1997）
《金融学》	黄达	中国人民大学出版社（2003）
《金融学》	陈学彬	高等教育出版社（2003）
《宏观金融学》	余力　崔建军	西安交通大学出版社（2003）
《货币金融学》	殷孟波　曹廷贵	中国金融出版社（2004）
《微观金融学》	王国林	科学出版社（2005）

二、《货币银行学》面临的挑战

目前在理论界形成的共识是，面对经济金融理论与实践的发展，传统的货币银行学正面临着严峻的挑战。主要表现在：

（一）货币银行学已经不能适应金融实践的发展

20世纪60年代的金融自由化和金融创新，使整个世界金融体系发生了一次彻底的革命，金融也被赋予了崭新的定义，金融活动日渐国际化、全球化和复杂化，传统的单一货币资产已经被更加纷繁复杂的金融资产所代替，金融体系也由原来的银行体系发展成为包括银行机构、非银行金融机构、金融市场、金融宏观调控与监管在内的更为复杂的体系。另外，随着金融活动的日益国际化和全球化，金融的宏观调控与监管具有了强烈的国际化含义。在这种情况下，传统《货币银行学》的内容已显陈旧和欠缺，无法尽显金融理论和实践发展的全貌，与经济金融发展现实的脱节现象较为严重。

① 《金融学概论》大多属于非金融专业使用教材，故不在本文考虑之列。

（二）货币银行学已经失去了其金融专业基础课的地位

与金融活动国际化、全球化和复杂化相伴的是金融活动、金融研究和教学内容的微观化。公司金融、金融工程、证券投资、投资银行等已逐渐成为金融专业的主干课程，货币时间价值、现值与终值、金融资产的估值与定价、风险管理与投资组合、资本结构与融资决策等问题逐渐成为金融教学的重要内容。而在传统的货币银行学是以宏观金融研究为背景的，涉及的主要是货币需求、货币供给、货币政策、国际宏观政策协调等方面的问题，在其框架体系中对上述微观金融问题几乎毫无涉猎，与后续课程的脱节现象日趋严重。这种状况最终使得货币银行学的金融专业基础课的地位逐渐丧失。

（三）货币银行学与相关课程内容交叉重复现象比较明显

一是与宏观经济学的内容交叉。从现有的课程内容体系看，货币银行学与宏观经济学的内容交叉主要体现在：（1）货币供求与均衡以及由此演化出的通货膨胀与通货紧缩问题；（2）以实现均衡为目标的货币政策及其操作问题。

二是与后续课程的内容交叉，如商业银行管理学、金融市场学等的内容交叉。

三、《货币银行学》课程改革的设想

（一）《货币银行学》课程改革的目标

在反映金融理论与实践最新发展成果的基础上，对该课程内容进行重新整合和补充，从而解决其与后续课程的联系与衔接问题，使其恢复金融专业基础课的本来面目，将货币银行学建设成为一个开放性的、宏观金融与微观金融相结合的一门学科。

（二）《货币银行学》课程改革的设想

1. 课程名称改革。“有关货币银行学和货币理论的书籍，从书名上就可以清楚地看到，它们局限于货币或银行，而对广义的金融注意不够”，[①]已经不能涵盖整个现实金融活动和课程本身所包含的内容，虽然目前理论界对其名称的界定尚存在争论，但对其进行改革已成为理论界的共识，现在，《货币银行学》的改良名称大体包括：货币金融学、金融学、金融学概论，比较而言，将其改为“货币金融学”似乎比较恰当，[②] 这一方面可以使其与所包含内容相匹配，同时能够避免与西方流行的“Finance”，如兹维·博迪与罗伯特·C·莫顿合著的著作《金融学》（Finance），发生混淆。

2. 课程内容改革。（1）以金融体系作为课程内容的逻辑起点。金融活动即资金的融通活动，就是金融资源在不确定性条件下的跨期配置，而现代金融活动和交易是依托金融体系来完成的，金融体系供给出了一套完美的机制以更加有效地促使储蓄向投资的顺利转化，从而实现有限资源的优化配置，正是从这个意义上说，金融体系是一切金融活动所依赖的机制和基础，是我们分析金融活动的起点，从此我们可以将货币金融学的内容分为金融中介（机构）体系、金融市场体系、宏观调控与监管体系。

（2）将课程内容的安排置于一个开放经济的背景下。在经济全球化这个波涛汹涌的大潮中，金融领域的跨国活动正在飞速发展，金融全球化已经成为世界经济发展的趋势。在这种背景下，金融的安全问题、经济运行的内外均衡问题、国际金融新秩序的建立问题等应当纳入到货币金融学的视野。只有这样，才能够顺应潮流，从而使我国的经济金融运行实现良性发展，才能够尽享经济金融全球化带来的益处。

（3）适当加入微观金融的内容。如前所言，时至今日，整个世界金融活动及金融理论研究已呈现出了微观化的趋势，公司金融、金融工程、证券投资等微观金融课程已经成为金融专业的主干课程。基于这种现实，作为金融专业基础理论课的货币金融学应当为这些后续课程提供基础的概念、原理和分析方法，诸如货币时间价值、现值与终值、金融资产的估值与定价、风险管理与投资组合、资本结构与融资决策等方面的基础概念和原理应当成为货币金融学的内容，这样才能够体现出其基础理论课的真正

① 约翰·G·格利、爱德华·S·肖：金融理论中的货币［M］，上海三联书店，1988。

② 以下将“货币银行学”改称“货币金融学”。

基础地位，否则，货币金融学与后续课程之间的脱节便不可避免。

(4) 适当加入非银行金融中介（机构）的内容。随着金融市场的迅猛发展、金融自由化背景下各国金融管制的放松及一系列的金融创新，金融领域中滋生出了大量的新型非银行金融中介（机构），如基金、投资银行、财务公司、金融公司等，并且在整个金融活动中扮演着越来越重要的角色。传统的货币银行学在金融中介（机构）部分的内容安排上主要着重于对商业银行等的分析，而忽略了对上述新型非银行金融中介（机构）内容的介绍，与现实金融实践及理论的发展严重脱节，因此，为体现金融体系的完整性，有必要适当加入非银行金融中介（机构）方面的内容，以便对其性质及一般运行规律等进行简单描述。

四、如何看待和解决货币银行（金融）学与其他课程内容交叉的问题

对于货币银行（金融）学课程内容与其他课程之间存在的内容交叉问题我们必须客观地予以看待，以便能够较好地解决这方面的问题。

（一）关于货币银行（金融）学与宏观经济学内容交叉的问题

从现有两门课程的内容安排上看，的确在有些方面存在一定的交叉，但在具体内容的安排上，无论是从分析问题的角度以及分析问题的广度和深度方面仍旧存在着一定的差异。宏观经济学中所涉及的金融部分更多是从经济整体的角度来考察金融，目的是为了能够全面地把握经济整体，从其广度和深度上来说赶不上将其作为主要研究对象的货币银行（金融）学；另一方面，货币银行（金融）学中有关货币供求与均衡、通货膨胀与通货紧缩、货币政策等的分析是给予一定的金融微观分析做出的，着重于从微观主体的行为决策如何决定宏观金融运行，如何影响中央银行的货币政策效果角度来分析。因此，要解决货币银行（金融）学与宏观经济学内容交叉问题，关键在于货币银行（金融）学内容安排上应当有一个合适的角度和坚实的微观基础。

（二）关于货币银行（金融）学与后续课程内容交叉的问题

首先我们必须承认的是货币银行（金融）学是金融专业的基础理论课，其知识面应该覆盖整个金融学科的主要方面，因此，它与后续课程之间有着割不断的联系，后续课程是货币银行（金融）学的进一步分化和具体化。

其次，货币银行（金融）学作为金融专业的基础理论课，应当把握好教学的尺度，应更加注重对货币金融理论的一般概念、原理及分析方法，避免过多讨论具体的操作方法，以减少过多的内容交叉重复问题。例如，在期权这部分内容的安排上，货币银行（金融）学应介绍什么是期权、期权有哪些种类、期权与期货有什么区别、期权有什么样的功用，但没有必要去讲期权怎么样去发挥它的功用或投资者如何利用期权交易来避免风险，获取收益。

第三，货币银行学以外的后续专业课程应把教学重心放在属于该课程的技术层面和更为具体的操作性内容上来，对于那些已经在货币银行（金融）学中涉及的内容，则可作为自学内容或假定学生已经掌握，因为这些内容并非某后续课程的核心内容。

第四，编写系列化的教材，确定好不同教材之间的内容边界，以避免不同教材之间内容上的重复、交叉。

参考文献

1. 陈学彬．关于货币银行学学科建设的若干思考．“全国高校《金融学》骨干教师培训班”（复旦大学）上的讲稿（2002 年 11 月 2 日）．

2. 陈学彬．金融学原理［M］．北京：高等教育出版社．2003.

3. 陈野华．西方货币金融学说的新发展［M］．成都：西南财经大学出版社，2001.

4. 崔建军．货币银行学向何处去［J］．经济学家，2001，(6)

5. 崔建军．论货币银行学及其建设［J］．陕西广播电视大学学报，2004，(1).

6. 弗雷德里克·S·米什金．货币金融学［M］．北京：中国人民大学出版社，1998.

7. 黄达．金融学·导论——从《货币银行学》到《金融学》．“全国高校《金融学》骨干教师培训班”（中国人民大学）上的讲稿（2004 年 7 月 5 日）.

8. 黄达．金融学［M］．北京：中国人民大学出版社，2003.

9. 托马斯·梅耶等．货币、银行与经济［M］．上海三联书店，1989.

10. 劳埃德·B·托马斯．货币、银行与金融市场［M］．北京：机械工业出版社，1999.

11. 王维安．货币银行学的困惑与革命［J］．金融参考，1999，(7).

12. 王广谦，等．金融学科建设与发展战略研究［M］．北京：高等教育出版社，2002.

13. 杨长江，等．金融学教程［M］．上海：复旦大学出版社，2004.

14. 殷孟波，等．货币金融学［M］．北京：中国金融出版社，2004.

15. 约翰·G·格利、爱德华·S·肖．金融理论中的货币［M］．上海三联书店，1988.

个人信用评分技术的发展与比较

高杰英*

[摘要] 个人信用评分是消费者信用管理中的核心技术之一。本文回顾了个人信用评分的发展历程，在信用评分领域相关文献研究的基础上，对目前使用的模型：判别分析、回归分析、Probit、线性规划、神经网络、分类树、最近邻法和基因算法等模型进行了分类、总结和比较。

[关键词] 信用评分　参数模型　非参数模型

个人信用评分是指运用数学优化理论，通过对消费者的人口特征、信用历史记录、行为记录、交易记录等大量数据进行系统性的分析，挖掘数据中蕴含的行为模式、信用特征，捕捉历史信息和未来信用表现、行为特征之间的关系的一种方法。目前，美国和英国的消费者平均每个星期至少被评估一次。我国消费信用规模正显著增长，信用评分必将被广泛使用。在《资信评级》课程的教学过程中，深感相关个人信用评分技术的总结在现有教科书中总结不是很全面和充分，因此，本文对消费者信用评分有关理论做一次梳理，以利于该课程的教学，并未进一步的研究做准备。

一、个人信用评分的发展历程

1936 年，Fisher 提出使用判别分析法来解决总体中的分组问题。1941 年，Durand 将这一统计技术引入消费者授信决策。这之前，授信决策主要依靠专家的经验作为决策的依据。1958 年，William Fair 和 Earl Isaacs 采用判别分析法建立了信用评分系统。他们成立的 Fair Issac 公司就是为财

* 高杰英（1971—），女，江西南昌人，首都经济贸易大学金融学院副教授，博士，研究方向信用管理、商业银行经营管理、金融中介理论。

务公司、零售商和邮购公司构建个人信用评分的各种模型。20 世纪 60 年代末信用卡业务蓬勃发展，每天有大量的人申请信用卡。银行和其他信用卡的发卡机构发现，信用评分比主观判断更具有预测性。同时，计算机技术的发展使得决策自动化成为可能，信用评分比起专家决策更具有实用性。1975 年美国颁布《公平信用机会法案》，该法案认定放贷过程中的歧视行为是非法的，除非歧视是从“实证经验中推出来的，并在统计上是有效的”。这奠定了信用评分的法律定位，信用评分分析师的人数大大增加。20 世纪 80 年代，信用评分在信用卡中的成功应用使银行开始将评分应用于其他产品，如个人贷款、住房抵押贷款、小企业贷款。这一阶段评分机构根据各种技术建立信用评分预测模型，来评价申请者是一个“好”客户还是“坏”客户。预测模型至今仍是欧美消费信用管理中使用最广泛、发展最完善的技术。

20 世纪 90 年代，信用评分技术被推广到管理决策领域。直销的发展使得企业开始利用评分技术来提高广告竞争中的响应率，即分析某客户对直接邮寄的新产品做出反应的可能性有多大。在信用卡的数据库营销中，信用评分被用来分析消费者接受信用卡营销的响应率、某客户在产品推广期结束后继续使用该产品的可能性以及某借款申请在多大程度上是欺诈的可能性。近年来，决策模型技术被广泛应用到消费信用管理的决策最优化之中，通过预测、衡量、对比不同决策对经营管理目标的影响之后，选择对实现目标最有利的管理决策。信用评分的目的从最初的评估违约风险，逐步扩大到评估响应、保持、流失、负债管理，以及欺诈评分。

发展至今，个人信用评分已经成为银行、信用卡公司、个人消费信贷公司、电信公司、水电服务公司、保险公司等涉及消费信用的企业实体中最核心的管理技术之一。信用评分模型不仅用于信贷审批和风险管理领域，而且在市场营销、客户关系管理等各个方面都发挥着十分重要的作用。

二、信用评分模型采用的技术方法及比较

（一）信用评分模型采用的技术方法

按照模型是否需要计算参数，可以将信用评分模型分为参数评分模型和非参数评分模型。

1. 参数信用评分模型，包括判别分析模型、回归分析模型、Probit 模型、线性规划模型和神经网络模型。判别分析模型是假设信用申请者总体由“好”客户和“坏”客户两个组组成。评分的目的是将整个客户群分成两个组，对一个新的信用申请者，判断他属于哪个组。Myers 和 Forgy（1963）利用判别分析法对特定领域进行了实证分析。Rosenberg（1984）提出了采用判别分析法进行信用评分可能产生的若干问题。判别分析方法又包括贝叶斯判别、距离判别和 Fisher 判别等。判别分析法的优点在于我们能够利用关于样本估计量的性质、置信区间、假设检验等统计方法，对所建立的模型的判别能力以及模型中所使用的特征变量的相对重要性进行评价。

回归分析模型是找到客户特征变量的一个线性变化组和，在某个原则下实现对客户违约概率的最优解释。具体又包括线性回归、Logistic 回归以及概率值回归。线性回归的评价结果很稳健，但在运用时必须做非常严格的假设，而这种假设在现实中明显是不成立的。随着现代计算机功能的日益强大，Logistic 回归已取代线性回归而成为信用评分领域使用最普遍的统计方法。虽然在处理分类问题时，理论上 Logistic 回归要优于线性回归，但是实践中，将两种方法使用同样一组数据集建立模型得出的结果表明，两种方法的分类结果差异非常小。

Grablowsky 和 Talley（1981）将 probit 函数用于信用评分。但是 Probit 方法并没有得到从事信用评分的实际工作者的特别青睐，因为他们更关心的是在那些不太清晰的情形下做出正确的决策，而不太关心一个明显是“坏”客户的客户成为“好”客户的概率是 0.05 还是－0.05。

线性规划方法是通过考察相应的绝对误差之合或最大误差来度量拟合优度。Mangasarian（1965）第一个意识到可将线性规划应用于分类问题。他利用线性规划建立了一个分离超平面，该超平面可以将“好”客户和“坏”客户两个组完全分开。Freed 和 Glover（1981a）认识到，利用最小化绝对误差或者最小化最大误差这样的目标函数，即使要判别的两个组并不是完全线性可分的，线性规划方法也能够应用于判别分析问题。Freed 和 Glover（1986b）提出不仅应考虑误差或外部偏差 a_i（“好”客户和“坏”客户距离临界值的距离），而且要考虑内部偏差 e_i（即那些分类正确的申请人的分数与临界值的距离）。他们提出了一个目标函数，该函数是最大内部偏差和外部偏差以及内部和外部偏差绝对值之和的一个加权组合。因为线性规划法没有统计学基础，不能检验所估计的参数是否在统计上是显著的，所以，Ziari 等（1971）建议用刀切法（Jackknife）或自助法（Bootstrap）方法对参数进行检验估计。

神经网络模型是一种模仿人脑信息加工过程的智能化信息处理技术。人工神经网络具有自组织性、自适应性以及较强的稳健性。Rosenberg 和 Gleit（1994）讨论了神经网络在公司信用决策和防范信用欺诈等领域的应用。人工神经网络有多种模型，例如，BP 神经网络、RBF 神经网络、Hopfield 网络、CPN 模型以及 Boltzmann 机等等。实证研究表明，对于训练样本，BP 神经网络的预测准确度通常在 95%以上，而对于检验样本，其预测准确率则没有那么高。神经网络模型在信用卡管理中运用较多，可以用来发展信用风险评分、收益潜力评分、交易欺诈风险评分等，其中最广泛应用的是智能型交易欺诈风险评分。神经网络模型的主要缺点是缺少解释性。虽然他们可以获得一个较高的预测精度，但是这个决策为什么和怎么做出的却不可知。此外，神经网络模型容易微调于样本数据，在分类不当的情况下错判的比例较高。

2. 非参数信用评分模型，包括分类树模型、最近邻法模型以及基因算法模型。分类树模型是被评信用者集合按照一定的特征将其不断进行细分，划分成不同的子组，然后再确定每个子组是“好”客户还是“坏”客户。1973 年 Breiman 提出这一方法。1986 年 Coffman、Makowski 将这一方法用于信用评分领域。1991 年，Safavian 和 Landgrebe 则开发了相应软件进行处理。建立分类树的关键问题是把握三个原则：将总体集合划分成两个子集；停止划分的终止条件原则以及确定末端节点为何类客户（“好”或“坏”）的原则。浅层的分类树视觉上非常直观，容易解释，而且分类树模型对数据的结构和分布不需作任何假设，可以容易地转化成商业规则。美联储在对《公平信用机会法案》的解释中，称分类树方法是在信用系统中经过实证检验、并且在统计意义上完美的方法。但是分类树模型也存在缺陷：深层的分类树视觉上和解释上都比较困难；容易过分微调于样本数据而失去稳定性和“抗震荡性”；对样本量的需求比较大而且处理缺失值的功能非常有限。

最近邻法最早由 Fix（1952）提出，Chatterjee 和 Barcun（1970）将其

应用于信用评分领域。其基本思想是，把被评信用者分为“好”客户和“坏”客户，当一个新的信用申请人加入时，与他的最近邻者同类。该方法的关键问题是如何寻找最近邻：（1）最近邻的标准，即合适的点与点的距离定义；（2）最近邻的数目，k 个邻居中有多少比例的“好”客户才能将新的申请人划分为“好”客户。Henley 和 Hand（1996）利用一家大型邮购公司的数据对最近邻法（特别是最近邻的定义和数目选择）作了详尽的研究。他们认为最近邻数目在 100 到 1000 之间没有分别。最近邻法可以直接加入新的申请者或使用删除老用户的方式动态升级系统，从而可以克服人口漂移带来的问题。但是由于评价计算过程中的数据量和计算量都非常庞大，并且最近邻法也存在与神经网络法同样的问题，即在分类不当时错判比例较高，而不得不利用提高最近邻数的方法进行补救，因此该方法没有得到广泛的应用。

基因算法是给定一个目标函数，从一个随机性的由一系列的基因代码排列组合而成的基因方案开始（每个基因代码代表一定特征的变量值），通过计算机程序对该基因方案进行遗传和变异，不断地改进基因方案的适合度，直到找到最优的基因方案为止。在实践中，基因算法往往被用于从大量的潜在基因方案中寻找最优方案。基因算法的弹性大，能被广泛应用于解决多样的问题；在解决高维度的、高度非线性的、非平滑性的目标函数的最优化问题上具备一定的优势。但是基因算法的计算量比较大，对计算机功能的要求比较高，而且不一定能找到全局最优的方案，有时停留在局部最优的方案上。

（二）信用评分模型的比较

各种评分模型有自己的优缺点，理论研究者试图比较各方法，从而找出实践运用中的最优方案。Srinivasan（1987b）比较了线性回归、分类树、Logistic 回归和线性规划四种方法，得出分类树的分类效果是最好的。Hanley（1995）比较了线性回归、Logistic 回归和分类树方法，得出了同样的结论。Nath，Jackson 和 Jones（1992）的研究认为统计学方法优于线性规划方法。Boyle（1992）比较了线性回归、分类树和线性规划，得出线性回归的分类效果是最好的。Yobas（1997）比较了线性回归、分类树、神经网络和遗传算法，得出线性回归的分类效果是最好的。Desail（1997）

比较了线性回归、Logistic 回归和神经网络，得出线性回归的分类效果最好。Davis（1992）就神经网络与其他方法进行了比较，认为神经网络能够很好地处理那些数据结构不太清楚的情况，但其训练样本时间较长。West David（2000）的研究表明神经网络模型与 logistic 回归模型在众多模型中是较为优秀的模型，神经网络模型对数据的要求更为低，其结果较为稳定，但总体而言，前者对后者并没有太大优势。在各模型的比较中，我们应当注意的是，由于各研究使用的总体不一样，“好”“坏”客户的定义也不一样，所以各研究之间没有可比性。至今，各信用评分模型效果好、坏没有明确答案。

三、结论

以上分析显示，信用评分模型在使用范围、模型技术方法上都日渐丰富和完善。在消费信用决策中，我们可以利用现有的国外信用评分模型。但是我们应注意，信用评分模型是否成功不仅取决于模型本身的质量，而且还受制于基础数据的质量，即数据来源的完整性、精确性和可信性。一个国家的信用评分技术的发展，是与消费信用产业的繁荣、数据库技术的发展、数理统计技术的进步、计算机技术的飞跃、社会征信体系的完善等历史背景密切相关的。我们应当结合本国的具体情况，建立和发展适合我国国情的信用评分模型，随着科学技术发展、我国社会信用体系的建立和完善而不断求索。

参考文献

1. Adams，N. M. /Hand，D. J.（2000）：Improving the practice of classifier performance assessment. Neural Computation，12，2，P. 305～311.

2. Baesens B，；Van Gestel T，；Viaene S，；Stepanova M.；Suykens J.；Vanthiened J（2003）Benchmarking state－of－the－art classification algorithms for credit scoring，The Journal of the Operational Research Society，54，627～635.

3. M. B. Yobas，J. N. Crook and P. Ross（1997），Credit Scoring Using Neural and Evolutionary Techniques，Working Paper 98/2. Credit Research Center，University of Edinburgh. Edinburgh，Scotland.

4. R. A. Fisher (1936), The use of multiple measurements in taxonomic problems, Ann. Eugenics. 7, 179～188.

5. Thomas, L. C. (2000). 'A Survey of Credit and Behavioural Scoring: Forecasting Financial Risk of Lending to Consumers', International Journal of Forecasting, Vol. 16, 149～172.

6. Thomas, L. C. Edelman D. B and Jonathan N. Crool (2002), Credit Scoring and Its Application, AIAM monographs on mathematical modeling and Computation, Philadephia.

7. V. S. Desal. D. G. Convay, J. N. Crook, and G. A. Overstreet (1997), Credit scoring models in the credit union environment using neural networks and genetic algorithms, IMA J. Math. Appl. Business Indust. 8, 323～346.

8. V. Srinivasan and Y. H. Kim (1987b), Credit granting: Acomparative analysis of classification procedures, J. Finance, 42, 665～683..

9. 石庆焱 靳云汇，个人信用评分的主要模型与方法综述，统计研究，2003，8，36～39。

对国际金融专业双语教学的思考

黄静茹

[内容提要] 为了满足社会对21世纪的，具备扎实的理论基础、宽厚的专业知识、良好的信息技术能力以及外语交流沟通能力的复合型人才的需求，高校开设“双语教学课程”成为潮流。我校金融学院国际金融专业开设双语教学课程，顺应了这一潮流。笔者以一线教师的视角，探讨在教学过程中的体验和思考，涉及如下方面：对双语教学的认识、教学手段的转变、教师的转变和对教学效果的评价。

一、对双语教学的认识

任何教学活动都有具体的教学目的，只有明确了教学目的，才能取得更好的教学效果。那么，大学生专业课程双语教学的目的是什么？对于这个问题可能不同的学校、不同的教师有自己不同的答案。笔者认为，双语教学的目的肯定不单是为了提高学生的外语水平。大学生的专业课采用双语教学的目的应该只有两个：一是为了让学生了解本学科方向的发展前沿动态，二是为了让学生能了解世界上其他科技发展国家同种专业或者相邻专业大学生掌握本学科方向知识的情况，使学生对自己的知识体系与水平有个客观的认识，而不至于坐井观天。

为了第一个目标，应该从本专业相关的最近的外文期刊、国际会议论文集以及相关领域国际知名研究人员的研究报告中总结素材，给学生介绍相关内容。为第二个目标，必须采用国外知名大学相同课程的原版教材进行教授。而要这样做，且不说学生是否能够接受得了，就是目前我国普通高校的教师，也未必有这样的能力。要达到这一目的各相关学校必须采取相应措施提高双语教学任课教师的外语水平。

学双语教学的目的并非单纯为了提高学生的外语水平。双语教学，即在课堂教学中改变单纯母语（汉语）为载体的教学方法，将外语工具运用于课堂教学的过程中，使之与母语教学互相融合、互相促进，在体现课堂教学的特色和针对性的同时，全面提高学生的外语应用能力和综合素质。双语教学的结果，即增加用外语学习、理解掌握相关专业知识的能力，培养学生用中外文交流专业知识的能力，如能了解一般性的外文资料，能熟练阅读外文资料并用外文书写论文，能同外国同行或学者进行各种形式的交流等。

由此可见双语教学的目的：课程学习是第一位的，提高学生的外语水平是教学过程的次要目的。其主要特征是以课程学习为中心，课程教学的组织围绕课程内容来进行，使学生既学习具体课程的知识，又提高了外语的应用能力。

他山之石可以攻玉，我们以香港中文大学为例，来了解内地双语教学的差异。香港中文大学的双语教学模式对双语教学的界定和教育部的有关规定有很大差别。中大对双语教学的要求主要可以表现在以下几个方面：（1）选课过程中是否为双语教学必须标明，以便学生选课；（2）教师有权选择授课章节哪些为中文，哪些为英文；（3）当教室有外国学生时必须采用英文。

中大的双语教学模式和内地的学校有很大差异，其主要有以下几个特点：

第一，师生在双语教学全过程都享有较为充分的选择权。中大教师有权决定自己的课程是双语还是单语（包括英文单语），而学生有权在试听之后决定是否选课。双语老师有权决定章节采用中文还是英文，但不能在同一章节中混合使用两种语言。而在内地，学生通常没有试听的权利，尤其是必修课，一旦定为双语课程，学生只能接受，而且老师大多在同一章节中交替使用中英文。

第二，参与型的课堂氛围。与内地相比，中大的课堂氛围比较活跃，课堂上学生会随时向老师发问，老师也会提出一些问题引导学生讨论。而内地高校往往是老师一个人的表演，满堂灌，学生很少参与。

第三，多媒体、网络在教学中的广泛运用。多媒体和网络在中大的双语教学中被广泛采用，老师通常是在上课前将课件发到网上，供学生预习，并可通过“blackboard”等软件加强生互动。

第四，有良好的语言环境开展双语教学。中大是一个国际化的学校，课余时间学生经常通过和外国留学生交流提高自己的外语水平，这样可以使双语教学的教学效果更好。

香港中文大学双语教学的优势和特点，给了我们不少启发，笔者认为：

第一，加深学生对双语教学的认识，提高学生的积极性。学生对双语课程缺乏积极性必然导致对双语课程的学习失去兴趣，目前很多资料表明，双语教学对提高学生的英语水平，尤其是对四、六级考试有很大推动作用。要让学生了解到双语课程带来的益处，提高他们的学习积极性。

第二，教材选用应以英文教材为主，中文教材为辅。英文教材可以是英文原版教材，也可使用原文影印版教材，价格和中文教材相差无几，难度适中，且无版权侵权之忧，是双语教学教材的最佳选择。同时，由于学生的水平不一，还可以推荐一些相关内容中文教材辅助学习，能达到更好的效果。但是笔者不建议学生参考原版教材的中译本进行学习：不阅读原版教材，不进行专业词汇和表达方式的训练，不可能达到学习效果。

第三，注重多媒体、网络资源在教学中的使用，引导学生自学。多媒体、网络资源的使用较之于传统教学手段，可以吸引学生的注意力，同时提高课堂的授课效率。网络资源的使用可以让学生随时与教师沟通，也便于教师掌握学生的学习情况，随时调整授课内容和速度。

第四，以多种形式鼓励学生积极参与课堂教学。鼓励学生积极参与课堂教学最重要的是鼓励他们多用英语来交流，可以采用“讨论课堂”（seminar）的形式，鼓励他们多读多说多写。

二、教学手段的转变

必要的课程体系和手段是保障学生学习进步的框架，如果学生把大量的时间都用在了课堂学习上，而极少分配时间到实际锻炼与应用中，长此以往，高校培养出来的学生仍将是刻板的被动教学的产物，学生在这样的环境中学习，很难说能够具备培养他们主观创造性、主观能动性、创新能力等有助于拓展自身发展平台。因而，合理地设置课程、合理使用教学手段，是高校进行调研和改革的重点。

在各类教学手段中，多媒体技术对双语教学渠道的辅助和推动的作用。虽然多媒体技术在纯中文授课中也被广泛使用，但是，在双语教学中，在国内的高等院校，多媒体技术有着独特的使命和功能。

首先，多媒体课件的使用，弥补了教师在口语方面的不足。专业术语、概念、重点和难点的解释，明确出现在课件上，如果教师的英文口语能力有待改进，这些课件可以有效避免学生在理解知识方面的误解，跟上教师授课的步伐，不至于因为教师的发音和语速影响课堂教学。如果课件还能配备必要的声音文件，更能够暂时有效缓解这一问题。当然从根本上解决这一问题的关键，一个在于对教师的培训以及教师本身有意识地不断去学习和提高自己的英文口语水平，另外也取决于学生的努力程度。

其次，多媒体课件的使用，更好地适应了学生的英语水平。国际金融专业开设双语课程，基本上是在大学三年级上学期开始。经过两年大学公共英语的训练，虽然具备了一定的听说读写译的能力，但是水平参差不齐，要想完全读懂原版教材、跟上双语教学，还需要下一番工夫。在学生自发努力的同时，多媒体课件展示了课堂教学的重点部分，使得学生的听课过程中，调动听力、视觉和脑力，共同消化授课内容，往往达到事半功倍的效果。毕竟双语教学的目的不仅仅在于提高英文水平，更重要的是对专业知识的理解，只不过是以另外一种语言为工具罢了。

最后，多媒体在双语教学中，可更加有效利用课堂时间，提高效率。国际金融专业所设置的课程，都有明确的教学计划和时间安排。如何在有限的教学时段，让学生理解授课内容并且读懂相关英文甚至表达出来，对教师和学生来说，都不容易。多媒体课件以文字、图形和声音的形式，把授课内容和信息最大限度展示给学生，省略的不必要的板书的时间，调动学生的多个感官。如果做不到以英文去思考问题，至少可理解中文意思，课后再试图以英文表达出来。另外，可调动学生的学习积极性，课后使用网络资源去查找相关信息，以文字、图形和声音文件保存下来，与教师进行切磋和交流。因此，对于双语教学，多媒体的使用是必不可少的。

在使用多媒体的过程中，除了要注意多媒体内容要与课程密切相关之外，教师和学生之间的交流是非常值得注意的一个问题。笔者在展示多媒体课件的同时，经常关注学生的反应，经常询问学生对于授课内容和方法的感受，对于重要的知识和课题，有大量的提问和讨论环节。另外，大量的课外阅读资料和网站的链接，可以通过多媒体方便地传达给学生，这也是与学生进行有效交流的一个方面。

运用先进的科学教育手段、创造最适宜双语教学的语言环境以及科学的授课方法，这些方面是缺一不可的。多媒体教学的手段应该为提高教学效率，优化双语教学的效果作出更大的贡献。

三、教师的转变

对教师而言，双语教学强调使用外语于学科教育，但并不排斥母语。在学习金融学科先进科学文化知识的同时，要首先了解与学科发展相关的基本专业外语。基于这样的认识，比较单纯的汉语教学而言，双语教学有双重目标，既要掌握专业知识，又要掌握专业英语，因而对教师的工作具有更大的挑战性。

对于双语教学来说，教师的转变是至关重要的。在对教师的教育中，我们通常要做的是寻求某些预期的变化。“转变”本身具有复杂性和多面性。双语教学中教师的转变分为几个方面，分别是双语意识的转变、英语技能的转变、教学理念的转变、教学手段的转变。

（一）双语意识的转变

现阶段，一般就是汉语和英语。之所以用英语教学，是为了让学生更好地学习和运用英语，以便有更宽阔的视野，更容易吸取英文课本和文献的营养。学生如果养成了经常使用英文资料的习惯，对于今后进一步的深造、科研及日常工作，都有非常大的意义。大学教育与中学教育最大的不同，就是大学教育属于创造性教育。学生不仅是要学到知识，更重要的是学习到学习的技能，自己能够进行创造性的学习。从这个角度来讲，确实需要建立双语的意识，即在保证教学效果的情况下要尽可能地多用一些英语。上课用部分英语或全部用英语，可能短时间内教师和学生有一个适应的过程，但是一旦适应了，教师和学生就都能达到双赢。对于学生而言，不仅专业英语水平可以提高，而且通过看一些英文原版书，可以更好地理解所学的课程。我们的国际金融专业要突出国际化特征，实行双语教学，无疑在对外交流方面是十分有益的。

（二）英语技能的转变

通常，英语技能包括听、说、读、写四项。因此，首先需要教师提高公共英语使用技能。对于教学而言，还需要用准确的专业词汇和专业的表达方式，否则容易给学生造成误解。教师应尽快加强英语及英语教学的进一步学习，实现英语技能的重大转变。在达到足够高的英语水平之前，课堂上可以尽量采用简单易懂的英语短句。通过不断的实践和学习，教师的课堂英语水平自然会得以提高。在达到较高的英语教学水平之后，则可以尽量多用或全部采用英语讲述。

（三）教学理念的转变

对于本科教学，是采用教学内容多、杂的方式，还是教学内容少、简的方式。前者是给学生灌输得多，但讲得不透彻，学生不完全理解，有点似懂非懂，但学生接触的知识面广。后者是给学生相对少的内容，但抓住根本的内容来讲，讲得透彻，学生容易明白，这种方式学生接触的知识面相对窄一些。这两种教学方式也可以称为是两种教学理念，各有优缺点。涉及双语教学，由于双语教学本身难度大，耗用时间更多，更应该以讲关键概念为主，抓主要矛盾。课后大量的阅读工作和课后作业，学生需要独立完成。教学理念要向这个方向转变。

（四）教学手段的转变

教学手段包括备课、讲述、板书、多媒体、幻灯片、课堂讨论、作业、测验、考试、写论文等多种手段。为适应双语教学，在这些手段上也要作相应的变化。如作业、测验、写论文等都要体现双语的性质。如果老师不特别注意节奏和提问的话，学生是似懂非懂，教师和学生之间很难产生互动，教学的效果其实很难保证。教学手段的变化与师生的交流需要相得益彰。

（五）对教学效果的评价

根据笔者若干年在国际金融专业的教学经验，对学生双语教学的评价，考试成绩是一个重要方面。《英文金融函电写作》课程无法采用标准化试卷，主要评价学生的写作能力和术语的运用；《专业英语金融学》则大量采用标准化试题。测试过程中有大量的阅读和计算，如果不是对知识有较好的理解，如果没有较好的阅读能力和阅读速度，完成考试还是有一定难度的。考试成绩和平时对学生的观察极其吻合。

除了考试成绩，其他方面也足以作为双语教学评价标准，不可忽视。

（六）学生的课堂反应

课程刚开始，学生会表现出不适应，每一篇课件的解释时间较长。最初采用宽松政策，学生回答问题可自行选择语种，大部分学生出于谨慎目的，选择用汉语回答。随着课程的深入和习惯的培养，学生在课堂上回答问题甚至插话，使用英文的频率明显增加，随着“必须使用英文回答课后习题”的硬性规定出台，学生基本上没有什么不适应，绝大多数专业词汇可以自如使用。

（七）课后作业情况

课后作业规定全部用英文完成，无论是计算题还是问答题，要求全部使用课堂教学中提到的术语和方法。通过其后的检查发现，学生的适应能力较强，国际金融专业绝大部分学生可以胜任，如果有难题，通过课堂上大家的讨论，学生都会在这一过程中获益。

（八）学生对专业学习和英语学习的兴趣

双语教学很大程度上提升了学生对专业学习和英语学习的兴趣。根据观察，双语课程学习较好的学生，如果有条件，多数有出国深造本专业的打算；随着英语听说读写水平的提高，学生对英语文字作品和影视剧的兴趣也不断增加，可进一步提高语言水平，改善双语教学的效果。

金融专业英语教学思考

黄 璐

[摘要] 专业英语是《大学英语教学大纲》中对本科英语教学的明确要求课程，但在教学中却由于定位不准确、目标不明确造成很多问题，甚至经常有人提出是否取消专业英语这门课的观点。本文以作者自身的教学经历为基础，对专业英语课程的教学内容、方法进行了探讨，希望对专业英语教学有所裨益。

[关键词] 专业英语 基础英语

一、前言

《大学英语教学大纲》中将非英语专业的英语教学分为两个部分，一、二年级的基础英语教学和三、四年级的专业英语教学。基础英语以高中英语课程为基础继续对学生在语法、词汇方面进行系统的教学和指导，为专业英语打下基础。专业英语则将英语教学与各个专业不同内容相结合，在英语教学中体现各个专业的特点，使学生对本专业内容的英语表达方式和习惯有一个比较深入的了解和认识，同时也保证了学生在大学四年的学习中英语学习的连贯性和持续性。

但和基础英语相比，专业英语的教学却多年处于一个比较尴尬的地位。首先是基础英语有四、六级考试作为统一衡量标准，因此较容易体现出教学和学习的成果与水平。专业英语由于在三、四年级与双语教学同时进行，则容易让人觉得概念模糊、可有可无。因此，在各高校中经常听到“专业英语”这门课是否应该存在的质疑之声。

笔者从事专业英语的教学有五年的时间了，一开始是由于本系一位在国外生活多年的教师突然辞职匆忙上马，战战兢兢之余唯有花费加倍的精力和时间请教琢磨才能完成教学任务。经过几轮教学之后，对于专业英语的教学也逐渐看出了一些门道，得到了一些经验和教训，在此将自己这些年的思考总结一下，希望对专业英语的教学有所裨益。

二、专业英语的定位

在英语学习中要想有所进步，不断地持续学习是首要因素。有过英语学习经验的人都知道，英语学习就如“逆水行舟”，不进则退。因此要想保持学生高中和大一、大二的英语水平，必须对其进行有督促、有考核的英语教育，这是毋庸置疑的。这也是专业英语课程设置的初衷，从这一点看，显然这门课的设置是十分必要的。

但和同时进行的双语教学相比，专业英语的定位又在哪里呢？笔者认为两者的区别还是很明确的。“专业英语”，其落点是“英语”，也就是说它仍然是一门以语言为主要教学目的的课程。因此在专业英语的教学中，应注意语言部分的内容，而不是注重专业知识的介绍。所谓语言部分的内容，包括词的用法、地道的英语表达方式、具有专业特色的释义以及大量阅读专业文献的能力。

双语教学侧重于以双语表达专业内容，它属于专业课的范畴，注重的是专业内容的介绍和掌握，语言只是辅助部分，学生只要能理解教师的讲授内容，对英语语言本身没有必要深究。

三、专业英语教学的内容、方法分析

鉴于以上的定位，我结合我的教学谈谈专业英语教学的内容和方法。

（一）首先我们谈谈词的用法

中国人学英语，往往喜好用一些正式的、隆重的“大词”，拼写很长，看起来很复杂。但在地道英语表达中，往往是一些我们极为熟悉的“小词”非常活跃，运用得当会显得对英语的掌握既灵活又地道。例如，do 这个词，学生极为熟悉，但在运用中又只会基础英语中最常见的 I do，He does 这类的用法。实际上，用于强调语气以及用于“完成”这个意思时写为 done 是极常用的。甚至“Done.”本身就是一句话，意思是“成交”。这类小词举不胜举，在原文书籍中极为常见，我在教学中非常注意提醒学生注意这类词，甚至把这项工作在学期开始就当作教学的一个主要目的明确对学生交代，让他们也重视这些小词，记忆其用法并尝试在口语和写作中使用，会显得英语地道得多。事实证明，学生对这些词也极有兴趣，每当我提醒学生这类词时，学生注意力都非常集中，教学效果良好。

（二）地道的英语表达

如上文所说，开始从事专业英语教学是仓促之举，心虚之余努力向离职的那位前任老师请教。在讨论过程她说到的一些话让我感触很深。她说她的很多外国朋友评价中国学生学习英语的结果，甚至包括很多英语专业的学生，学出来都是不 functional，也就是不实用。非常典型的例子是一些生活中每天说的话，让学生翻译成英语，学生往往很难脱口而出地道的英文。比如，我曾在连续几个班上问学生，“我有点事。”“我想去买点东西。”这两句话用英文怎么说。听到的回答多是：I have something to do. I want to do some shopping. 这两句话简单地让人不屑于考虑，但又是我们生活中极为常用的话。实际上地道的翻译应该是：I’ve got some errands to do. I’ll pick up some groceries. 学生从小学甚至幼儿园就开始学英语，到大学已经学了十几年，却连这么简单的话都不会说，说不好。这不能不令我们深思，反思我们语言教学的误区和盲区到底在哪里。我认为，恰恰是因为简单，学生才不会说，如果你让他们翻译从句、复合句，他们反而会翻译得好一些。我想这也是外国友人所谓不 functional 的意思。

因此我在专业英语教学时，遇到常用的句式、地道的表达，都会专门提出来要求学生注意学习。还包括一些文体中出现的名词用作动词的用法，在一个句子中表达同样的意思使用不同的词汇以避免重复等等，强调这些语言特点而不是单纯的让学生把英文翻译成中文理解英文的意思就行了。

（三）具有专业特色的释义

专业英语毕竟不同于基础英语，在强调语言的同时还有一个教学目的就是使学生对本专业术语的英文表达以及专业英文术语的中文翻译能够熟练掌握，为以后进行专业阅读、写作以及在互联网上寻找专业信息打下基础。

以金融学为例。premium 一词，在基础英语中是“额外费用”，在金融学中意思极为复杂。外汇交易中是汇率的“升水”，期权交易中是“期权费”，保险业中是“保费”，有时还当“奖金、加价”讲。完全要看上下文。类似的例子在一本金融专业的英文书籍中随处可见，run 在基础英语中是“跑”，到了金融学中则是“挤兑”；balance 可以作“平衡”解（例如 Balance of Payment，国际收支），但更多的是作“余额”解。这类术语，我的做法是每部分讲到相关内容时随时给学生总结，要求学生集中记忆并不断重复以达到熟练掌握的程度。

例如在讲到 Nondepository Institutions 部分的 Insurance Companies 时，我会首先在 PPT 中列出本部分涉及的主要术语，集中为学生讲解，要求学生记忆掌握。列举如下：

terms

insurance，policy，claim，

insurer，underwriter，insured，policy holder，beneficiary，

premium，amount insured，coverage，benefit，payout

在这部分中，我从保险业务总体、当事人、保险合约基本涉及内容三方面总结了学生应掌握的术语。学生反映这样有利于他们总结记忆，比在教学中遇到了再零星提醒他们更利于掌握。

（四）大量阅读专业文献的能力

在专业英语教材的选择上，我倾向于选用原版教材，可以在内容上按照本专业内容、课时做适当增减，以适应不同教学的要求。但最好不要选用一些自编讲义，系统性不强、东拼西凑，更为重要的是不是原汁原味的英文，我认为这就与英语教学的初衷背道而驰了。

选择原版教材还有一个重要的原因，这需要从英语学习的目的说起。所谓掌握语言，无非是从听、说、读、写几方面达到能够运用外语作为工具的目的。听和说在这里不是我们讨论的范畴，专业英语教学中我认为主要涉及读和写两部分，其中读又是更基础的，没有大量地读也就谈不上地道地写。而学生欠缺的恰恰是这部分训练。我们的学生经过十五年的英语

学习，大多数时间（包括大学一、二年级基础英语期间）都是和课文打交道，读的多是选出来的改写过的短文，即使是泛读课仍局限于此。因此造成了大多数学生一看见大部头的英语书首先就产生了畏难情绪，没有静下心来读下去的勇气和毅力。我亲眼目睹很多学生双语教学时按老师要求买的英文原版书到学期末还是崭新的，根本没翻过。问起来，学生说看见一个中国字没有的书就头疼。

当今的社会是信息社会，在今后的工作生活中，学生难免会遇到需要在互联网上寻找信息、查找国外最新研究成果、阅读外文文献的情况，因此锻炼学生大量阅读的能力是至关重要的。因此每学期开学时，我都会和学生强调，我们专业英语这门课首先要达到的目的就是让你们把我们选的这本长达600页的英文原版教材读下来，而我的工作中一大项就是帮助你们阅读，建立你们阅读的信心和习惯，只要一学期下来你看见满篇的英文能静下心来读下去而不畏惧，我们的教学就成功了一大半。

我要求学生预习，并利用课堂讨论、让学生翻译等方法检查学生阅读情况，还从网上找来和教材相关的材料让学生当堂阅读翻译，丰富学生的阅读经验，提高他们的阅读水平。

以上我基于自己的思考从四方面讨论了专业英语教学的内容，并提出了自己的教学方法，希望能起到抛砖引玉的作用。

四、结束语

英语作为国际语言的重要性已毋庸讨论，对英语教学的重视在当今世界恐怕没有哪个国家比我们国家更甚。但英语教学的效果却总是差强人意，大多数学了多年英语的人在需要和外国友人交流时和阅读英文作品时仍感到力不从心。我想这和我们在英语教学中过于强调机械地记语法、背单词，反而对运用英语能力方面的培养下力气不足有很大关系。大学三、四年级两年专业英语的学习并不能解决上述问题，我只是努力在我的教学中使学生认识到这一点，给他们指出有效的学习方法，让他们今后在自学英语的路上少走弯路，多少能让外国人觉得我们也能 functional 一点也就达到我的教学目的了。

关于加强研究生教学工作的几点思考

李树生

近年来，我国高等教育中研究生招生规模正在逐步扩大，在从2000年到2010年的11年中，研究生招生数量从6.5万迅速增长到46.5万，这使我国的研究生教育面临着前所未有的机遇和挑战。以此为契机，我国高校研究生教育的教学管理水平取得了不小的进步，但在取得显著成绩的同时，我们还应做好以下几个方面的工作，以全面提高研究生的培养质量。

一、继续规范研究生课程设置，优化课程结构

长期以来，我们对于目前国际上大势所趋的课程交叉化、综合化反应不够积极。过分强调了对口培养，忽视了课程的基础性和宽广性，使毕业的研究生知识面过窄，适应能力差，缺乏创新能力，发展潜力不大。

部分专业课程内容较为陈旧，课程更新率低，未能体现本学科发展的特点和动态。在体系上缺乏层级性，研究生课程与本科生课程没有拉开档次，甚至存在着与本科课程在内容上重复的情况，无从体现学科领域内的最新知识和科研成果，缺乏学术前沿性和学科交叉性。课程设置的随意性大。有些学科在构建课程体系时缺乏系统观念，不是以培养目标所要求的人才知识能力结构为出发点，而是视学科点负责人、导师的主观认识和科研兴趣而定，或处于照顾某个教师而开设无关紧要的课程，还有的存在着因为没有师资而随意取消课程的情况。

研究生课程设置是研究生教学工作的基础，在教学工作中起着基础性和原本性的作用。只有合理的课程设置，才有可能使研究生具有合理的知识结构。针对当前研究生课程体系中存在的问题，我们应着力做好以下几个方面的工作：

（一）课程设置的分工和补充

要过渡到按一级学科制定培养方案，力求使各门课程在加深和拓宽研究生基础理论、学科知识面和相关能力的培养方面既有所分工，又互相补充。

（二）研究生课程体系必须有明确的层次性

我们应当从研究生教学的研究性目标指向和课程以研究来组织的教学理念出发，使研究生教育的课程设置更关注在高深层级上逐步深化和专门化，以使研究生的研究意识、思维视野和研究能力得以逐步提升。并且要认真审查各门课程的教学内容，去掉低层次课程，整合内容相近的课程。

（三）要增设跨学科、跨专业课程

我们应当积极借鉴国内外先进教学理念，鼓励开设跨学科、实践性强的课程。为了开阔研究生视野，拓宽研究生知识面，解决知识结构的个性问题，应加大选修课在课程设置中的比例，并采取相应的措施鼓励研究生能在更大范围内跨二级学科自由选修，给研究生以更大的选择余地。

二、加强研究生导师队伍建设，构建合理的师生关系

根据资料显示：2010 年我国研究生招生数量是 2000 年的七倍。但在这几年中，我国各高校导师数量的增长远远落后于招生人数的激增，很多高校对此捉襟见肘，逐渐出现的师资荒已严重影响到了研究生的教学和培养，甚至相当一部分专业和方向开课都很困难。

为此各学校纷纷采取措施缓解这一压力，典型措施有：一是降低对导师的质量要求，以此来增加导师数量，使一些本来没有指导研究生能力的教师跻身于导师行列，把一些课程交给并不胜任该课程教学的教师。二是加大导师工作量，原来根据传统，每位教师只培养少数几名研究生，全面负责他们的课业学习和论文撰写。但现在，据了解有的学校一位导师带同一年级同一专业方向的研究生达二三十名之多，以至于过了一个学期导师还没有认全自己的学生。学生想与导师见面更是难上加难，甚至有的学生说

只有逢年过节才能与自己的导师见上一面。研究生的课堂教学也完全向本科靠拢，几十人济济一堂，极大地影响了研究生课堂教学质量，个别化教学更是无从谈起。

作为研究生培养工作中的第一责任人，导师责任感和学术水平的高低直接影响研究生的培养质量，研究生导师队伍的建设是实现培养目标和提高办学质量的关键。在导师队伍建设中，应加强做好如下几个方面的工作：

首先，要把好遴选导师的质量关。导师是教师队伍中的一个特殊群体，他们来自于教师，又更高于教师：第一，在教学方法上，导师应以引导、辅导、指导为主；第二，导师必须高瞻远瞩，及时了解并且走在学术前沿，才能为研究生指出正确的方向；第三，导师必须有很强的创新意识。所以在建设导师队伍时，都要制定严格的导师评定条例，公平公正地择优评聘导师，促进导师更新。在对导师的管理上要树立“能进能出”的动态流动机制和弹性化管理模式，废除导师终身制；戒除人情关系，根据能力和业绩用人，做到“各尽所能”“各尽其用”，用人不求全，选才不拘格；根据不同导师的不同能力结构合理分工，组成动态“团队”，以适应不断变化的社会需要。

其次，推行导师问责制度，不断促使导师提高自身的学术水平和指导水平。这就要建立和完善对师德状况的考核管理制度，把师德纳入对教师的考核和评价体系中，把研究生培养质量和导师切身利益挂起钩来。另外应该把监控研究生培养质量的责任落到导师身上，并与导师业绩考核指标的调整相匹配，才能杜绝诸如“放羊型”等不良师生关系的存在，真正形成以导学关系为主的正常化的师生关系。我们还可以针对不同情形，设计出不同形式和内容的激励与约束机制，如薪酬激励、淘汰激励、声誉激励、自我激励等措施，供操作者在实践中有机整合、相机抉择，同时还要营造宽松安逸、公平竞争、团结协作的学术环境，以利于促进导师自身发展。

三、推行和完善研讨式的课堂教学方式

研究生课程教学质量是保证和提高研究生培养质量的关键环节。但长期以来，各高校有关学位与研究生教育的管理制度多侧重在两端，即有严格的招生制度和学位授予制度，而针对培养过程中的课程教学这一重要环节，其管理制度的修订与完善相对滞后。相当一部分教师在研究生教学方

式方法上缺乏先进性，目前在研究生课堂教学中主要存在两种不良倾向：一种是“保姆式”教学，一种是“放羊式”教学。

“保姆式”是一种沿袭自本科的教学方式。在课堂中教师采用灌输式、填鸭式的教学方法，使得很多研究生养成了“上课记笔记，下课看笔记，考试背笔记”的不良学习习惯；“放羊式”教学则走向了另外一个极端，一门课程从开始到结束研究生只见过教师几次面而已，只是到了期末结课时才交一篇作业以换取该课程的成绩和学分。

研究生教学内容虽然也包括系统的基础理论、专业知识等内容，但其目标的指向性并非仅在于对系统的基础理论和专业知识的学习和掌握，而是凸显专业领域的研究或者为专业领域研究提供知识背景和方法论，教学的研究性和专门性更强。这就要求研究生教学更多的不是由教师讲授已定论的知识，而是以教学为依托，激发研究生独立思考。研讨式的教学方式应当是研究生课堂教学的主要方式。

研讨式课堂教学，即研讨会教学。具体指教学过程是在教师的启发指导下，以学生独立自主学习和合作讨论为前提，以教学中的重点难点内容、疑难问题、有争议的学术问题或学科前沿问题为研讨内容，通过学生查阅资料、独立钻研和认真思考，展开课堂讨论和交流，使不同的学术观点互相碰撞、切磋、交流和补充，已达到教学目的。

研究生经过十几年的学习过程，已经具备了一定的基础理论知识和专业知识，学习的主动性和自觉性较强，在导师的指导下，能自己猎取知识，自己发现问题、分析问题、解决问题。这些都为研讨式教学方法运用于研究生课堂教学提供了有利条件。研讨式教学方式是教师和学生双方都参与的活动，他们将以导师和主人的身份进入课堂，一般要做好制定实施计划、确定研讨内容、课堂讲解提示、实施课堂讨论和研讨讲评等几个环节的工作。

这种研讨式教学方式的运用，要求研究生上课前必须认真阅读课程内容所要求的材料，再加上导师对主题的阐述，研究生可以深刻理解阅读材料，把握有关理论的本质；在研讨的气氛中，众人所掌握的信息得到了充分的互补，知识面得到了充分的拓宽，研究生在大量了解最新前沿知识的同时大大锻炼了自己的独立思考能力、发现问题和解决问题的能力；让导师和研究生都能在“活动”中学习，在“主动”中发展，在“合作”中增知，在研讨中创新。

论机动车第三者责任保险中“第三者”的界定

李文中*

[摘要] 先根据合同相对性原理对机动车第三者责任保险中的“第三者”作出一般性解释，然后介绍我国机动车第三者责任保险对“第三者”外延的界定，再对相关界定作进一步的分析和评价，认为根据我国当前的相关立法环境可以将机动车第三者责任保险的被保险人调整为车辆实际使用人；被保险人不应该成为机动车第三者责任保险的“第三者”；从事驾驶工作的雇用驾驶员也不应该成为机动车第三者责任保险的“第三者”，但是其家庭成员应该包括在“第三者”之中；车上人员和被保险人的家庭成员是否应当成为“第三者”，对于强制三责险和商业三责险应该区别对待。

[关键词] 机动车第三者责任保险　被保险人　车上人员　雇用驾驶员　家庭成员

当今社会交通事故侵权赔偿责任已经成为机动车辆所有或者管理人面临的重要风险。从国内实践来看，化解此项风险的有效措施是投保机动车第三者责任强制保险（国务院第 462 号令称之为机动车交通事故责任强制保险，简称交强险）和机动车第三者责任保险（简称三责险）。由于这两款产品的最大区别于实施的方式不同，前者为强制保险，后者为商业性自愿保险，因此本文统称之机动车第三者责任保险，行文中需要对二者加以区分时分别称之“强制三责险”（或者“交强险”）和“商业三责险”。

当前，在我国司法实践中如何认定机动车第三者责任保险的“第三

* 李文中（1974—），安徽庐江人。首都经济贸易大学金融学院讲师。主要研究方向：责任保险、信用保证保险和保险法。

者”仍然没有形成统一意见，司法乱象频现，相似的案情各地法院的判决结果经常截然相反，或者结果相同但依据各不相同。有学者认为，我们不应该要求法官对某一种类型的损害赔偿纠纷案件只能适用某一个法律，作出完全一致的判决[1]。不过，笔者以为尽管现实情况是复杂的，法律不应该被机械地加以解释，需要赋予法官一定的自由裁量权，结合实际情况加以灵活运用，以彰显社会正义，但是我们不能允许法官打着自由裁量权和社会正义的幌子对立法的本义加以歪曲，违背基本理论对法条随意解释。这不利于我国机动车第三者责任保险的健康发展，更影响机动车第三者责任保险作用的有效发挥。

一、“第三者”的一般解释

根据合同相对性原则，订立合同并享有权利和承担义务的人，为合同当事人；订立合同并享有权利和承担义务的人的继承人，或者合同权利义务的承受者，亦为合同当事人。合同当事人以外的人为第三人[2]。尽管被保险人是否为保险合同的当事人在理论上存在争议[3]，但是由于保险实践中机动车辆的所有人或者管理人既是机动车第三车责任保险的投保人，也属于机动车第三者保险的被保险人。因此，学者们通常认为机动车第三者责任保险合同中保险人是第一人，被保险人（投保人）是第二者，除保险人与被保险人之外的人都是机动车第三者责任保险合同所指第三者，不管其人数之多寡。不过，并不是所有保险人和被保险人（投保人）以外的人都会基于机动车第三者责任保险合同的存在而同保险人及被保险人发生联系，而只是那些在意外事故中遭到保险机动车辆损害的人因为要求被保险人给予赔偿而和保险人及被保险人发生联系。因此，机动车第三者责任保险中的“第三者”在保险合同生效后是不特定的人的群体，但是保险事故发生后，“第三者”就应该被具体化，指保险人和被保险人之外的，在保险车辆的意外事故遭受人身或者财产损害，且向被保险人请求经济赔偿的人。邹海林研究员曾指出，责任保险的第三人，是指责任保险单约定的当事人和关系人以外的、对被保险人享有赔偿请求权的人。[2]基于以上理论分析，我们不难理解其实所有的责任保险都是“第三者责任保险”，机动车第三者责任保险突出“第三者”三个字也只是一个业内习惯，以示其同其他同机动车辆相关的责任保险的区别。

二、国内对“第三者”外延的界定

实践中，并不是所有在交通中对被保险人具有赔偿请求权的人都能够成为机动车第三者责任保险的“第三者”，有关部门或者机构还会在一般理论的基础上，借助立法或者在保险条款中设置责任免除条款对机动车第三者责任保险中的“第三者”的范围作进一步的限制。

（一）强制三责险对“第三者”外延的界定

《中华人民共和国道路交通安全法》（以下简称《道交法》）第七十六条对强制三责险中的“第三者”仅仅作出了“交通事故中遭受人身伤害或者财产损失”的身份限定，除此之外再没有其他限定。《机动车交通事故责任强制保险条例》（以下简称《交强险条例》）第三条规定：“本条例所称机动车交通事故责任强制保险，是指由保险公司对被保险机动车发生道路交通事故造成本车人员、被保险人以外的受害人的人身伤亡、财产损失，在责任限额内予以赔偿的强制性责任保险。”该交强险定义条款将本车车上人员和被保险人排除在强制三责险的“第三者”之外。而且，《中华人民共和国侵权责任法》（以下简称《侵权法》）第五十一又将以买卖等方式转让拼装或者已达到报废标准的机动车，发生交通事故的受害人排除在强制三责险的赔偿范围之外。此外，《机动车交通事故责任强制保险条款》（以下简称《交强险条款》）还将保险车辆上的财产损失排除在强制三责险的补偿之外。

（二）商业三责险对“第三者”外延的界定

中国保险行业协会2007年制定的《机动车第三者责任保险条款》（A款）（以下简称《三责险条款》）第三条规定：“本保险合同中的第三者是指因被保险机动车发生意外事故遭受人身伤亡或者财产损失的人，但不包括被保险机动车本车上人员、投保人、被保险人和保险人。”该条规定直接将投保人、保险人、被保险人和车上人员排除在商业三责险的“第三者”之外。而且，《三责险条款》第五条还将被保险人的家庭成员、保险车辆驾驶人及其家庭成员限制在商业三责险的“第三者”之外。另外，《三责险条款》还通过其他责任免除条款将在意外事故中被保险人可能要承担民事损害赔偿责任的风险排除在商业三责险的保险责任范围之外，实际上也起到了限制“第三者”的范围的作用。

三、对“第三者”的界定的分析与评价

（一）机动车第三责任保险的被保险人应该是保险车辆的实际使用人

既然理论上一般认为机动车第三者责任保险的“第三者”是保险人和被保险人以外的人，那么我国的机动车第三者责任保险实践中谁是被保险人呢？这种规（约）定又是否合理呢？

机动车辆是现代社会人们生产和生活的重要交通工具，但是几乎所有国家和地区都不可能保证每辆车只能有一个固定的驾驶人员，在实践中机动车辆的租赁、借用等各种情况经常发生。为机动车辆所有人、管理者、租用人或者借用人等机动车辆的实际控制人提供有效的事故侵权赔偿责任保障，英美各国的商业机动车辆保险单都将指名被保险人、允许使用者、为被保险人承担替代责任的个人或组织包括在车辆责任保险的被保险人之中[4]，指名被保险人通常是保险机动车辆的所有人或者管理人，此外的被保险人一般称作扩展被保险人。我国的机动车辆保险实际上也遵循了这样的做法。《交强险条例》第二条规定：“在中华人民共和国境内道路上行驶的机动车的所有人或者管理人，应当依照《中华人民共和国道路交通安全法》的规定投保机动车交通事故责任强制保险。”第四十二条又规定：“……（二）被保险人，是指投保人及其允许的合法驾驶人。……”也就是说，根据《交强险条例》的规定，强制三责险的被保险人是保险机动车的所有人或者管理人及其允许的合法驾驶人。而且，自1980年恢复国内保险业务以来，各版本的商业三责险在条款的表述虽然不是很明确，但实际的风险保障对象涵盖指名被保险人及其允许的合格驾驶人。这里的“允许”应该包括有偿允许（例如出租、有偿出借、有偿转让但没有办理过户登记等）和无偿允许（例如无偿出借、无偿赠与但没有办理过户登记等）。2004年5月1日前，我国的道路交通事故处理适用《道路交通事故处理办

法》，其第三十一条规定：“交通事故责任者对交通事故造成的损失，应当承担赔偿责任。承担赔偿责任的机动车驾驶员暂时无力赔偿的，由驾驶员所在单位或者机动车的所有人负责垫付。……”2004年5月1日之后生效的《道交法》采用了“机动车一方承担责任”这一表述方式废止了“车主垫付责任”的规定，但是“机动车一方”涉及的主体一般包括机动车驾驶员、机动车辆所有人、机动车辆管理人等，由于这一表述过于原则。因此，司法实践中仍然经常出现了车主负连带责任的判例。因此，机动车第三者责任保险的被保险人包括机动车所有人或者管理人及其允许的合法驾驶员是非常必要的。

但是，这种规定也有不足之处。由于机动车所有人或者管理人是指名被保险人，那么也就无论如何不能成为机动车第三者责任保险的“第三者”，在交通事故中遭受损失也就无法得到机动车第三者责任保险的赔偿。这样，虽然保障了机动车所有人或者管理人承担连带赔偿责任的风险，却无法保障机动车所有人或者管理人作为其出租（借）的车辆发生交通事故的受害人的损失补偿。假如，某人将其所有或者管理的机动车辆出借给其朋友使用，结果其朋友在使用车辆的过程中发生交通意外，而受到损害的恰恰是该车主或者管理人，机动车第三者责任保险不承担赔偿责任是不合适的。

笔者以为，2010年7月1日《侵权法》的生效实施，为改进机动车第三者责任保险中被保险人的约定，避免这种情况提供了可能。《侵权法》第四十九条规定：“因租赁、借用等情形机动车所有人与使用人不是同一人时，发生交通事故后属于该机动车一方责任的，由保险公司在机动车强制保险责任限额范围内予以赔偿。不足部分，由机动车使用人承担赔偿责任；机动车所有人对损害的发生有过错的，承担相应的赔偿责任。”而机动车所有人存在过错可能表现为以下几种情况：第一，机动车所有人没有依法投保交强险，其应该在交强险的限额内对受害人承担赔偿责任。第二，机动车所有人将机动车出租（借）给非法驾驶人（例如没有相应驾驶资格或者醉酒驾车）使用。第三，机动所有人将不合法的机动车出租（借）给他人使用的。但是，第一种情况下就没有保险；第二和第三种情况下即使将机动车所有人包括在被保险人当中，其实际上也不能从该保险中获得保障[①]。也就是说，在机动车出租、出借等情况下，将机动车所有人纳入被保险人是不必要的。《侵权法》第五十条又规定："当事人之间已经以买卖等方式转让并交付机动车但未办理所有权转移登记，发生交通事故后属于该机动车一方责任的，由保险公司在机动车强制保险责任限额范围内予以赔偿。不足部分，由受让人承担赔偿责任。"此种情况下，原机动车所有人也不再需要机动车第三者责任保险的保障。

综合以上分析，我们可以看出，现今在我国机动车辆发生交通事故的侵权赔偿责任人是机动车辆的实际使用人，通常不将车辆所有人或者管理人包括在其中。而且，根据 2009 年《保险法》第四十九条第 1 款规定："保险标的转让的，保险标的的受让人承继被保险人的权利和义务。"也就是说，机动车第三者责任保险单可以自动随着保险车辆的转让而转让，不再要求必须征得保险人同意，为机动车第三者责任保险的被保险人随着机动车实际使用人的变化而改变提供了法律条文的参照。因此，笔者建议改变现行机动车第三者责任保险规（约）定被保险人为"机动车所有人或者管理人及其允许的合法驾驶人"的做法，将其修改为"机动车所有人或者管理人同意的合法使用人"，而且这里当然也包括机动车所有人或者管理人自己使用机动车辆的情节。这样，使得机动车第三者责任保险的保障范围有所拓展，尽可能为理应得到保障的交通事故赔偿责任人和受害人提供保障。财产保险业务中，这种投保人固定而被保险人不固定，投保人与被保险人有可能分离的做法是符合法律要求的，而且也有其他保险实践作范例，例如中国人民财产保险股份有限公司推出的住宅质量保证保险的保单条款中明确约定投保人是住宅开发商，被保险人为住宅权利人。当然，对机动车第三者责任险被保险人的如此修改在一定程度上突破了合同相对性原则，因为机动车所有人或者管理人往往是机动车第三者责任保险的投保人，不符合前面对"第三者"的一般理论解释。但是笔者以为我们不应该拘泥于此，最重要的是使机动车第三者责任保险的保障对象设定更公平、更合理，发挥机动车第三者责任保险补偿被保险人因致他人损害需要承担的经济赔偿责任。而且，世界其他国家或者地区已经有类似的做法，不再

① 第二情况下，强制三责险虽然垫付人员抢救费用，但是有权向致害人追偿，即使将车主列作被保险人，也不能获得实质性保障；第三种情况下，保险合同是无效合同。

过分强调合同相对性原则，而是关注交通事故受害人，即第三者的“他人性”，即第三者应该不包括被保险人。例如，法国的义务机动车保险制度中，保险合同人、机动车所有人或者同乘者成为受害人时，如果受害人将机动车的保管权交给他人就能够接受损害赔偿[1]。

不过，并不是所有机动车辆使用人都能自动地成为该保险车辆指向的机动车第三者责任保险的被保险人，只有那些合法的机动车辆的使用人才可以成为机动车第三者责任保险的被保险人。这又包括两个条件：第一，使用人所使用的机动车辆合法；第二，使用机动车辆的人的身份合法。《侵权法》第五十一条和《三责险条款》第六条第（四）（十）项都是对第一个条件的诠释。《侵权法》第五十二条，《三责险条款》第六条第（五）（七）（八）项和第七条第（五）项的规定都是对第二个条件的诠释。

既然机动车第三者责任保险的被保险人会随着保险机动车辆的使用人的变化而变化，而其指向的“第三者”又不应该包括被保险人，那么也就意味着机动车第三者责任保险的“第三者”的身份也会随着保险车辆的实际使用人的变化而有所不同。

（二）从事本职工作的雇用驾驶员不应是机动车第三者责任保险的被保险人

虽然笔者建议在现有的法律环境下对机动车第三者责任保险的被保险人的规（约）定进行修改，为机动车所有人或者管理人成为交通事故受害人提供保障，但是笔者并不认为从事本职工作的雇用驾驶员是机动车第三者责任保险的被保险人。

无论是雇员在工作中直接给雇主造成损害，还是雇员在工作中给他人造成损害，抑或雇员在工作中给其自身造成损害，尽管雇主可能在这些事件中都不存在过错，但是如今理论上一般赞同雇主应该承担责任。这主要是人们倾向于根据社会正义的要求而追问谁能够更好地负担损失并且在没有任何过失的情况下转移这种损失[5]。一般来说，立法的理论基础包括[6]：（1）报偿理论，雇主既然有支配雇员的权利，就要承担雇员在执行任务中造成的一切后果；（2）危险理论，一般认为雇主承受能力比雇员或者受害第三人强，由雇主承担责任能够使受害第三人的利益得到全面保护，而且雇主还可以通过提高产品价格或者购买保险等方式来转移风险；（3）伦理理论，以雇主一个人的意思表示，远不能达到其目的，雇员延伸了雇主的利益所到之处，成为雇主的手足，所以雇员的过失应视同雇主自己的过失，让雇主负担损害责任，也非常符合伦理观念。我国这方面的法律法规虽然尚不完善，但是对该理念也是予以认可的。

首先，有关雇员在工作中致他人损害的，我国的相关法律规范对此有一些专门的规定。1992 年《最高人民法院关于适用〈中华人民共和国民事诉讼法〉若干问题的意见》（以下简称《意见》）第四十五条又规定："个体工商户、农村承包经营户、合伙组织雇佣的人员在进行雇佣合同规定的生产经营活动中造成他人损害的，其雇主是当事人。"结合当时的时代背景，笔者以为这是关于不具有法人资格且具有"剥削"性质的用工单位的雇员在工作中给他人造成损害，雇主应该承担替代赔偿责任的规定。2003 年《最高人民法院关于审理人身损害赔偿案件适用法律若干问题的解释》（以下简称《解释》）第八条规定："法人或者其他组织的法定代表人、负责人以及工作人员，在执行职务中致人损害的，依照民法通则第一百二十一条的规定，由该法人或者其他组织承担民事责任。上述人员实施与职务无关的行为致人损害的，应当由行为人承担赔偿责任。"《民法通则》第一百二十一条的规定是："国家机关或者国家机关工作人员在执行职务，侵犯公民、法人的合法权益造成损害的，应当承担民事责任。"显然，《解释》第八条对《民法通则》第一百二十一条作了扩张性解释。而且《解释》第九条又规定："雇员在从事雇佣活动中致人损害的，雇主应当承担赔偿责任；雇员因故意或者重大过失致人损害的，应当与雇主承担连带赔偿责任。雇主承担连带赔偿责任的，可以向雇员追偿。"该条的规定有意区别于第八条，将员工工作中的侵权替代责任根据用工单位是否具有法人资格进行区分，这同《意见》第四十五条的规定不尽相同的。但是，笔者以为在社会主义市场经济体制下，对于工作人员对他人的侵权责任的承担的规定，无论是根据用人单位的所有制性质还是其是否具有法人资格进行区分，都有悖于法律的公平原则，实无必要，从理论上可以统一称作雇主替代责任。此外，笔者以为，因为《民法通则》第一百二十一条的规定涉及公民的人身权和财产权，所以既然《解释》第八条能够就法人及其他组织的工作人员工作中侵犯他人的人身权对其进行扩张性解释，我们就有理由相信对于法人组织的工作人员在工作中致他人财产损害的，也应该由该法人或者组织承担赔偿责任。并且，对于《解释》第九条也可以作同样适用于雇员致第三人财产损失情形的扩张性理解。

这也就是说，雇用驾驶员的车辆驾驶工作行为可以看做是雇主的行为的延伸，其在驾驶工作中致他人损害的原则上由雇主承担赔偿责任。因此，就机动车第三者责任保险而言，保险车辆的实际使用人应该认定是雇主，而不应该简单地从外在形式上认为是雇用驾驶员。也就是说，根据笔者前述建议，将机动车第三者责任保险的被保险人修改为“机动车的合法使用人”仍然能够有效地为雇主提供风险保障，并使交通事故受害人获得应有的赔偿。

其次，我国关于雇员在工作中给雇主造成损害的法律责任的相关立法不完善。原劳动部 1994 年 12 月 6 日颁布实施的《工资支付暂行规定》第 16 条规定：“因劳动者本人原因给用人单位造成经济损失的，用人单位可按照劳动合同的约定要求其赔偿经济损失。经济损失的赔偿，可从劳动者本人的工资中扣除。但每月扣除的部分不得超过劳动者当月工资的 20%。若扣除后的剩余工资部分低于当地月最低工资标准，则按最低工资标准支付。”尽管该规定很不完善，法律效力也不高，但是对此规定我们还是可以这样理解：（1）只有劳动合同中存在相关赔偿约定的，雇员在工作中给雇主造成损害，雇主才可以要求雇员赔偿；（2）只有是雇员存在过错的情况下，给雇主造成损害，雇主才可以向其索赔，如果在此过程雇员并不存在明显过错，则雇主不能向其索赔。

这也就是说，雇用驾驶员在驾驶工作中造成雇主损害的，除非驾驶员存在故意或者重大过错（例如醉酒驾车），否则这类损害后果由雇主自己承担。因此，同样不需要将雇用驾驶员列作机动车第三者责任保险的被保险人。不过，由于机动车第三者责任保险的“第三者”应该具有他人性，不包括被保险人，因此雇用驾驶员在驾驶工作中造成雇主的人身或者财产损害，机动车第三者责任保险不需要承担赔偿责任。

再次，关于雇员在工作中造成自身伤害的赔偿责任，法律有明确规定。《中华人民共和国劳动法》第七十三条规定：“劳动者在下列情形下，依法享受社会保险待遇：……（三）因工伤残或者患职业病；……”《工伤保险条例》第二条第 1 款规定：“中华人民共和国境内的企业、事业单位、社会团体、民办非企业单位、基金会、律师事务所、会计师事务所等组织和有雇工的个体工商户（以下称用人单位）应当依照本条例规定参加工伤保险，为本单位全部职工或者雇工（以下称职工）缴纳工伤保险费。”显然，雇用驾驶员的机动车辆所有人或者管理人应该为其雇用的驾驶员参加工伤保险，雇用驾驶员在驾驶工作①中受到人身伤害可以从工伤保险基金中获得赔偿。《工伤保险条例》第六十二条第 2 款又规定：“依照本条例规定应当参加工伤保险而未参加工伤保险的用人单位职工发生工伤的，由该用人单位按照本条例规定的工伤保险待遇项目和标准支付费用。”也就是说如果机动车辆所有人或者管理人如果没有按照《工伤保险条例》的要求为其雇用驾驶员参加工伤保险，那么如果在雇用驾驶员如果因驾驶工作受到人身伤害由机动车所有人或者管理人承担相应的赔偿责任。

如果按照笔者前面的建议对机动车第三者责任保险的被保险人进行修改，根据第三者的“他人性”，驾驶保险机动车辆的雇用驾驶员既然不是被保险人，就应该属于第三者的范围。如果雇用驾驶员在驾驶工作中遭受人身伤害，车辆所有人或者管理人根据《工伤保险条例》第六十二条第 2 款的规定需要承担赔偿责任，机动车第三者责任保险应该承担保险赔偿责任吗？笔者以为这个问题的答案应该是否定的。因为机动车辆所有人或者管理人为其所雇用的驾驶员参加工伤保险是法定义务，不能因为其没有为所雇用驾驶员参加工伤保险而将应该承担的赔偿责任转嫁于给机动车第三者责任保险的保险人承担，这不利雇用驾驶员合法权益的保护，更有悖社会公平，因此各国机动车第三者责任保险一般都将控制（驾驶）保险机动车辆的驾驶员排除在第三者之外。例如美国的个人汽车保险单和商业汽车保险单的责任保险部分都将员工赔偿（Employees' Compensation）负责或应该负责赔付的损失列为除外责任[7]。因此，笔者以为我国的强制三责险和商业三责险都将机动车驾驶员排除在第三者的范围之外是合理的。

（三）“第三者”的范围因机动车第三者责任保险的性质有所不同

世界上很多国家和地区的机动车第三者责任保险都分为强制三责险和

---

① 驾驶工作不只是手紧握方向盘、脚不离油门、离合器或刹车踏板，应该包括驾驶员为了达到工作任务目标而做其他辅助性工作。例如，驾驶员临时下车问路、处理在途车辆的临时故障等各种情况。笔者以为，实践中一些将驾驶员在类似情况下暂时离开车辆，结果遭到车辆伤害的案例中将驾驶员认定为机动车辆第三者责任保险中的“第三者”是不恰当的。

商业三责险。政府推行强制三责险的目的通常是为了保护交通事故受害人的利益[8]，具有非常强的政策性，或者说是社会公益性，投保人和保险人一般都没有投保和承保选择的自由。商业三责险作为强制三责险的有益补充，虽然客观上也保护了交通事故受害人的利益，但是投保人和保险人都有投保和承保的自由选择权，机动车所有人或者管理人选择投保商业三责险是为了获得超出强制三责险责任限额的经济赔偿风险保障，保险人同意某投保人的投保要约是为了获取一定的商业利润。由于强制三责险和商业三责险的性质不同，或者说运营目的不同，决定了强制三责险和商业三责险对于“第三者”的范围作出不同的界定。通常强制三责险较商业三责险对“第三者”的范围的限制要少，我国的强制三责险和商业三责险对“第三者”外延的界定也是如此。

1. 车上人员是否应该纳入“第三者”的范围需要区别对待。相比较英美等保险业的国家，我国强制三责险及其对“第三者”范围的界定存在一定的不合理性。第一，从世界范围来看强制三责险同交通事故的无过错责任制度没有必然的联系。例如，美国 50 个州中约有 40 个州实施了强制三责险制度[8]，但是只有 13 个州实行了无过错责任原则；澳大利亚的 6 个州中也只有 2 个州实行了无过错责任原则[9]。但是，我国《道交法》第七十六条规定：“机动车发生交通事故造成人身伤亡、财产损失的，由保险公司在机动车第三者责任强制保险在责任限额范围内予以赔偿；……”也就是说，交通事故责任认定时，在强制三责险的责任限额以内适用无过错责任原则，超过强制三责险限额的部分也只是在机动车之间交通事故中适用过错责任原则。这使得强制三责险同无过错责任原则紧密相连。第二，在一般的国家或者地区，强制三责险仅对受害人的人身伤亡损失给予基本赔偿，而不为财产损失提供保障[8]。是基于两个方面来考虑的：一方面一般认为机动车相对于非机动车和行人而言属于强势的一方，在交通事故中应该承担更多的责任；另一方面是社会应该对生命权给予足够的尊重。现代社会机动车辆越来越成为人们生产生活的必备工具，不再是少数富人的专享权利，财产权利本身也无贵贱之分，因此对交通事故的财产损失适用无过错责任原则和实行强制三责险制度实无必要。在强制三责险立法中，绝大多数国家都是对人身实行无过错，过去那些对人身和财产都实行无过错的国家，也在从财产无过错向财产有过错过渡[10]。但是我国的强制三责险由于《道交法》第七十六条的规定而既适用于人身损害赔偿，也适用于财产损害赔偿。这既不符合世界强制三责险的立法趋势，更不符合我国现阶段经济尚不发达、驾驶人员素质普遍不高、交通事故频发的国情。大概正是基于此种考虑，交强险条款约定被保险人无过错时财产损失的赔偿限额为100元，被保险人有过错时财产损失的赔偿限额是2000元，实际上只是象征性地提供保障，以符合《道交法》第七十六的规定，更高程度财产损失赔偿责任保障还需要机动车辆所有人或者管理人通过商业三责险来获得。不过，在此笔者需要指出的是《道交法》第七十六条规定的强制三责险需要在限额内对交通事故中的财产损失进行赔偿，这当然包括车外财产和车上（内）财产，但是《交强险条款》的责任免除条款却将保险机动车上的财产损失从强制三责险的保险责任中剔除，这显然不符合《道交法》的规定。第三，多数国家或者地区的强制三险都将车上人员纳入“第三者”的范围，只有这样才能真正符合建立强制三责险制度的目的。我国的《交强险条例》第三条规定：“本条例所称机动车交通事故责任强制保险，是指由保险公司对被保险机动车发生道路交通事故造成本车人员、被保险人以外的受害人的人身伤亡、财产损失，在责任限额内予以赔偿的强制性责任保险。”但是，这显然是不合适的。因为：（1）机动车上人员（驾驶控制车辆的被保险人和雇用驾驶员除外）完全符合“他人性”的要求。（2）《道交法》第七十六条规定的“人身伤亡”显然应该包括车上人员的伤亡，《交强险条例》第一条也明确指出建立强制三责险制度的目的是“保障机动车道路交通事故受害人依法得到赔偿，促进道路交通安全”，而在交通事故中受到伤害的车上人员显然也是交通事故受害人，因此将车上人员从“第三者”中剔除既不符合《道交法》的规定，也不符合建立强制三责险的目的。（3）《中华人民共和国道路运输条例》第三十六条规定：“客运经营者、危险货物运输经营者应当分别为旅客或者危险货物投保承运人责任险。”尽管承运人责任险也是强制责任险，能够为车上乘客提供保障，但是现实生活中非客运经营中免费搭乘现象非常普遍，这些车上人员并不能从承运人责任险中获得保障，他们需要从强制三责险中获得这种保障。至于将车上人员纳入强制三责险的“第三者”范围之中，强制三责险同承运人责任险之间如何协调，或者营运机动车辆同时投保了强制三责险和承运人责任（强制）保险，出险后赔偿责任如何在两项责任保险之间进行分配和协调笔者在本文中不打算作过多讨论，但是可以明确的是不能因为营运车辆被强制要求投保承运人责任险，就将车上人员排除在强制三责险的“第三者”之外。

虽然笔者认为应该将车上人员纳入强制三责险的“第三者”范围，但是至于是否将车上人员纳入商业三责险的“第三者”范围，笔者以为应该由保险公司自由选择。理由如下：第一，商业三责险主要是在强制三责险的赔偿限额之外为被保险人（机动车辆实际使用人）提供风险保障，属于自愿保险，投保人具有是否投保的自由，保险人当然也有是否提供保险的自由，当然一定程度上也有决定保险责任范围的自由。第二，实践中，保险人在机动车第三者责任保险之外还提供有车上人员责任险供投保人自由选择投保，而且赔偿责任限额由双方商定，不会因为商业三责险通过格式条款将车上人员排除在“第三者”之外，而造成对被保险人的不公平。第三，只有在单方交通事故中车上人员的人身伤害才由其所乘车辆的使用人一方承担赔偿责任，双方交通事故中车上人员的人身伤害通常应该由两辆机动车的使用人共同承担赔偿责任，而车下人员在交通事故中受到人身伤害一般只是由一辆机动车使用人承担赔偿责任，据此可以推断车下人员和车上人员在交通事故中受到伤害的赔偿责任的损失分布一般是不相同的，因此将车上人员的人身伤害赔偿责任由车上人员责任险承保，而不将其直接纳入商业三责险中承保，便于保险人更加准确地厘定费率，并加强对业务的核算与评价。第四，如果将车上人员直接纳入商业三责险的“第三者”之中，这也就意味着机动车所有人或者管理人投保商业三责险就必须同时购买车上人员和车下人员的人身伤害赔偿责任风险保障，而不能根据自己的实际风险保障需求来选择购买，保险公司的这种行为实际上是一种“捆绑销售”，可能会使那些面临较小的车上人员损害赔偿责任风险的消费者（例如货车车主）遭受效用损失。如果将车上人员从商业三责险的“第三者”中剔除，通过车上人员责任险提供保障，供投保人自由选择投保，会增加消费者的效用水平。因此，笔者以为我国商业三责险实践中的做法对消费者是有利的。当然，如果消费者需要保险公司也愿意，那么通过修改合同条款将车上人员直接纳入商业三责险的“第三者”中也未尝不可。

至于乘客在交通事故中先被甩到车下，后遭到保险车辆碾轧的情况，笔者以为该乘客应该属于车上人员，不属于现行商业三责险中的“第三者”。因为：第一，此种情形下交通事故是一起持续性事件，从乘客被从车上甩下到其被保险车辆碾轧的过程中没有中断，驾驶员已经不能对机动车辆实施有效控制，属于一次事故，不能人为地将其割裂为两次事故。第二，乘客乘坐车辆的目的是到达某目的地，在没有到达目的地之前，如果不是乘客改变主意中途主动下车，那么车辆驾驶员或者经营者将其安全送达目的地义务，乘客被甩出车外并遭到所乘车辆的碾轧是车辆驾驶员或者经营者对该项义务的违反。因此，乘客在整个事故过程中只有一个身份一个车上人员，而不能在碾轧瞬间改变身份。第三，中国保监会曾就此类情况给中国人民保险公司的复函（保监办函［2001］59号）中明确指出属于车上人员责任险的责任范围，而不是商业三责险的责任范围，虽然当年由保监会制定的《车上人员责任保险条款》已经废止，但是该复函应该具有指导意义。

2. 家庭成员是否应该纳入“第三者”的范围也需要区别对待。国内的商业三责险将被保险人的家庭成员排除在“第三者”的范围之外，业内多数专家和保险公司的工作认为这样做的目的是为了防范道德风险。但是，笔者并不赞同这样的解释，并对其背后的真实原因进行过探讨[11]。由于商业三责险的保险责任因被保险人在交通事故中依法承担的损害赔偿责任而遭受的损失。如果家庭成员之间经济利益关系是一体的，经济成果共享并财产共有，那么根据公平原则风险自然也需要共担。被保险人在交通事故中造成其家庭成员的人身伤害后即使在法律上负有赔偿责任，这种赔偿也只是将左口袋的钱放到右口袋。尽管被保险人（家庭）实际上因该交通事故遭受了损失，但是由于该损失并不是因为其承担法律上的赔偿责任形成的，因此并不属于商业三责险的保险责任。据此，笔者以为家庭成员的界定应该以交通事故受害人同被保险人之间是否存在共同的经济利益关系为准，而不应简单地以血缘关系或者户籍关系来确定。1999年中国保监会发布的《机动车辆保险条款解释》对于被保险人家庭成员的解释是，根据独立经济的户口划分区别，并举例指出，父母兄弟多人，各自另立户口分居，家庭成员指每户中的成员，而不能单纯按是否直系亲属来划分；夫妻分居两地，虽有两个“户口”，因两者经济上并不独立，实际上是合一的，所以只能视为一个户口。总之，界定被保险人家庭成员时应遵循一个原则：肇事者本身不能获得赔款，即保险人付给受害方的赔款，最终不能落到被保险人手中。实践中家庭财产不能够在商业三责险中获得赔偿的道理也是如此。

不过，国内的强制三责险并没有将被保险人的家庭成员排除在“第三者”之外。这又为什么呢？笔者以为这是由强制三责险的性质决定的，由于政府推行强制三责险制度的主要目的是保障交通事故的受害人而不是被保险人，而在交通事故中受到人身伤害的被保险人家庭成员同样属于交通事故受害人。其他国家或者地区对于强制三责险“第三者”的界定标准一般也比商业三责险要宽，不再要求被保险人必须因赔偿遭受损失，而是只要求受害人对被保险人有赔偿请求权，我国的强制三责险在很大程度上也遵循了这样的原则。不过，由于被保险人本身无论如何是不能向自己请求赔偿的，因此机动车第三者责任保险的被保险人无论如何是不能成为“第三者”的。不过，针对“姐妹车”交通事故，笔者曾建议对现行的商业三责险条款进行修改，达到为机动车辆所有人提供风险保障的目的[12]。

另外，笔者以为既然国内商业三责险将被保险人的家庭成员排除在“第三者”之外的真实理由并不是防范道德风险，那么其将机动车驾驶员的家庭成员排除在“第三者”之外时以防范道德风险为理由同样是不成立的。如果雇用驾驶员在驾驶工作中造成其家庭成员的伤害，根据前述雇主责任理论和我国的相关法律规定雇主需要承担赔偿责任，并因此遭受损失。这完全符合商业三责险的承保责任，保险公司在商业三责险下以防范道德风险为由将驾驶员的家庭成员伤亡列为责任免除，就会使雇主当初投保商业三责险的目的落空，且无其他方法来有效转移此类风险。这在很大程度上有失公平，有违反《合同法》第四十条和《保险法》第十九条的嫌疑。笔者以为，除非保险公司能够证明驾驶员存在制造保险事故的故意，否则保险公司的拒赔的理由是不充分的。

四、小结

总之，笔者以为根据我国当前的相关立法环境可以对现行机动车第三者责任保险的被保险人约定加以调整。在此基础上，根据合同相对性原则和机动车第三者责任保险的承保责任，被保险人无论如何不应该成为机动车第三者责任保险的第三者；从事驾驶工作的雇用驾驶员不应该成为机动车第三者责任保险的“第三者”，但是其家庭成员应该包括在“第三者”之中。另外，车上人员和被保险人的家庭成员是否应当成为“第三者”，对于强制三责险和商业三责险应该区别对待。

参考文献

1. 于敏．机动车损害赔偿责任保险中的第三者［C］．民法学研究会年会，2006.

2. 邹海林．责任保险论［M］．北京：法律出版社，1999.

3. 吴定富．《中华人民共和国保险法》释义［M］．北京：中国财政经济出版社，2009.

4. 陆荣华．英美责任保险理论与实务［M］．南昌：江西高校出版社，2005.

5. 罗斯科・庞德. 法理学（第一卷）［M］．邓正来译．北京：中国政法大学出版社，2004.

6. 赵德成．论雇主赔偿责任［J］．当代法学，2003.

7. Huebner S S，Kenneth Black Jr，Webb Bernard L. 财产和责任保险［M］. 第四版. 陈欣，高蒙，马欣，等，译. 北京：中国人民大学出版社，2002.

8. 粟芳. 机动车辆保险制度与费率［M］. 上海：上海科技教育出版社，2005.

9. 张小红．“交强险”中无责财产损失不应赔偿［N］．中国保险报，2006.7.21.

10. 赵刚．交强险应剔除财产赔偿责任［N］．人民法院报，2007.11.11.

11. 李文中，张玉红．关于责任保险几个问题的辨析［J］．上海保险，2008.

12. 李文中．“姐妹车”交通事故需要机动车辆保险的保障——从一起车险理赔案件谈起［J］．金融与保险，2010.

顺应金融人才需求趋势
推进金融专业教学改革

李　新

［摘要］无论是经济与金融一体化的客观形势，还是国内金融深化改革的历史进程，都对我国金融人才培养提出了新要求，由此，必须加快实施金融人才战略，不断推进金融专业教学改革。本文通过分析金融人才需求趋势，确立金融专业教学改革的思路，以培养出顺应金融发展趋势、符合金融机构用人需要的高层次金融人才。

［关键词］金融人才需求　教学改革　人才培养

一、金融专业教学目标和任务

金融是现代经济的核心。它不仅为经济活动提供必要的资金支持，而且为促进经济发展发挥了至关重要的作用。随着经济全球化趋势的加深和我国自身金融体系的不断完善，我们需要大批优秀的金融人才来推动金融业的繁荣发展。然而，从我国目前金融人才的供求状况来看，培养的金融人才难以满足金融部门对高素质、应用型一线人才的需要。究其原因，主要是目前我国金融专业人才培养的质量和结构不符合经济和社会发展对金融人才的需求趋势。一名合格的金融人才不仅要在思想上遵纪守法，具有良好的社会公德和职业操守，具有全心全意为人民服务的精神，而且在业务知识和能力上，要紧跟金融发展形势，掌握必备的专业知识和基本技能，具有分析、解决金融业务和技术问题的能力。因此，培养顺应经济发展的新形势，符合金融业人力需求趋势的金融人才是金融专业教学的首要目标。

金融专业应以社会需求为导向，通过教育改革和创新，提高办学水平和质量，不仅要在总量上满足经济发展对金融人才的需求，而且要在结构上适应经济发展战略，满足多种类、多层次的金融人才需求，快速培养出具有国际视野、通晓全球化业务规范和管理法规，并且能将我国实际与国际规则相结合，顺应金融运行规律与发展趋势的一流金融人才，以适应我国经济金融发展的需要，这是金融专业教学改革面临的迫切任务。金融教育必须先行一步，通过相应的改革设计，推动我国金融体系与世界的接轨，使金融人才在激烈的国际竞争中从容应对各种挑战。

二、金融人才需求趋势

改革开放三十多年来，我国金融业取得了蓬勃发展，金融人才的需求趋势也随着经济形势的改变而不断变化。改革初期，我国金融业还处在市场化、国际化的起步阶段，呈现垄断经营、粗放经营和封闭运行状态，整个金融业的市场竞争意识不强，人才需求处于手工操作和劳动密集型的较低层次人才。随着我国加入 WTO（世界贸易组织），金融业发展进入一个崭新时期，逐步转向电子化和资本技术密集型产业，脱胎于计划经济体制的我国金融业在国际通行的游戏规则下，直接参与市场化、国际化竞争。金融业的竞争实质上是金融人才的竞争，而金融人才的竞争实质上是处于核心层次、核心岗位的高端金融人才的竞争。在这种背景下，我国需要培养大批高层次金融人才，以适应金融业未来发展的需要。经过多年国际化竞争的洗礼，我国金融业经受住了层层考验，积累了宝贵经验，不断发展完善，金融人才的需求更加细化，对高层次人才的定位也更加明确。所谓高层次人才是指人才的综合素质很高，不仅具有深厚的金融理论功底、较强的金融创新能力、积极的学习和适应能力，而且具有良好的职业操守和人文素养、广阔而开放的全球视野、较强的国际交流能力、充分的国际竞争意识。具体来说，当前我国金融人才需求趋势呈现四大特点：

1. 高素质。高素质包括理论素质和职业素养两方面。首先，金融人才要具有扎实的专业知识。当前金融业竞争日益激烈，金融创新工具大量涌现，这些都对金融人才的专业水平提出了更高层次的要求。理论基础不深厚会制约专业技能的提高，影响人才的可持续发展。高素质的金融人才应该在系统掌握经济学的基础之上，深入学习和研究金融学理论，既要熟悉传统的货币金融理论脉络，又要对现代金融理论的最新发展了然于胸，例如投资理论、金融工程理论等等，这样才能够将知识融会贯通，娴熟运用于实践。

其次，金融人才要具备良好的职业操守和人文素养。金融是高风险行业，这种风险在一定程度上表现为人员道德风险。每个从业人员的品德修养是防范道德风险的基础。一名合格的金融人才首先应该是品德高尚的人，必须具备良好的职业操守和敬业精神。同时，金融运行作为社会活动的重要组成部分，越是高级的金融从业人员越需要有较高的人文素养，越应该体现出对社会发展的人文关怀。在激烈的国际竞争中，金融机构的服务质量、业绩水平在很大程度上都与人员道德品质密不可分。因此，良好的职业素养是新形势下对金融人才的最基本要求。

2. 高技能。首先是较强的金融实务操作技能。金融专业毕业生最终要从事金融业务的具体操作，业务操作能力是对金融人才最直接的要求。各类日常的金融操作、金融业务的财务处理技术、常规的计算机技能是一个金融从业人员的基本要求，作为高层次的金融人才还要掌握一些重要的相关技能，例如统计和计量分析技术、运用计算机及网络处理复杂信息的能力、建立金融模型等，这些技能对于现代金融机构的经营决策和风险管理是必不可少的。

其次是金融创新能力。金融业本身是一个推陈出新、竞争激烈、富有挑战性的行业。20 世纪 60 年代以来，金融创新的风潮突起。新的金融工具、经营方式、服务体制大量涌现，冲击着传统的金融业务活动和经营模式，带来了金融领域方方面面的变革，大大促进了全社会经济的高效率运行，也刺激了金融业的竞争。顺应国际潮流，我国金融业也要根据自身实际情况不断进行创新，促进金融管理、金融工具、金融市场的发展。因此，金融创新能力是高层次的金融人才最重要的能力和最本质的属性。他们要善于在复杂的竞争环境中利用不确定性获取利润，其创新能力决定了金融机构的竞争力。另外，金融人才不仅是微观金融的创新主体，作为在金融实践前沿活动的具有敏锐洞察力的观察家和实践者，对宏观金融政策操作和金融制度创新，也具有很大的影响力和推进作用。

最后是较强的学习能力和适应能力。任何人才的知识结构都要进行不断地更新、完备，与时俱进，以面对新形势，应对新问题。较强的学习和适应能力是保持人才素质的重要因素，更是创新能力的源泉。所以，高层次的金融人才必须具有较强的学习和适应能力，才能适应环境的不断变化，保持持久的创新力和竞争力，否则，只凭借过去的知识存量，终将被时代的发展和经济的进步所淘汰。

3. 复合型。金融活动渗透到社会生活的方方面面，随着金融创新的深化，金融与其他领域的关系更为复杂。在全球经济一体化的大背景下，各国的金融市场、监管体制都趋于一体化，任何一项重大的金融举措和操作方案的出台都会牵涉到政治、经济、法律、文化、历史等多种因素，这就要求金融人才不仅要做专才，还要做通才。在不断发展变化的社会经济环境中，他们既要掌握精深的专业基础，又要拥有广博宽厚的知识，包括自然科学、人文科学，其中语言表达、书面写作、英语、数学、计算机操作、法律等方面的知识都是十分重要且必要的。复合型金融人才会成为金融机构人才需求的主流趋势之一，在金融领域中发挥的作用也会越来越显著。

4. 国际化。当今世界处于前所未有的相互依赖、相互渗透、相互联系的经济全球化时代。闭关锁国搞经济只会带来落后与贫穷，只有开放才会富强。我国改革开放30多年取得的辉煌成就便是最好的见证。随着我国与世界经济的日益融合，金融业的发展更要与国际接轨，金融人才的国际化趋势也就成为必然。首先，金融人才要具有开阔的国际化视野，能够不断在国际金融市场上寻找获利机会和发展空间；其次，金融人才必须具备充分的国际交流能力，不但能够熟练的应用外语进行国际交流、获取信息，还能够在中西方不同的文化平台上灵活转换，真正熟悉国际经济，特别是国际金融惯例，才能发掘和开拓出更广泛的生存空间，形成更强大的国际竞争力。

三、金融专业教学改革建议

鉴于金融人才高素质、高技能、复合型、国际化的需求趋势，金融专业人才不仅要具备出色的宏观经济分析与判断能力，微观金融活动的实际决策和操作能力，而且要具备多元化的知识体系和全球化视角。这就对金融教育的深化改革提出了新的要求。金融专业教学应紧扣金融人才需求趋势，一方面，必须把金融理论研究的新成果及时纳入教学体系，以理论研究成果为指导，探究金融与经济发展的客观规律，把握事物的内在联系，传承金融知识，培养人才，服务社会；另一方面，要紧密联系金融实践的最新发展，加快培养学生的实务操作能力、创新能力和灵活应变能力，使学生树立全局观、国际观，增强竞争力。

（一）理论教学

1. 完善课程体系。经过多年的发展，我国金融体系日益完善，但整个金融结构仍旧以银行为主导，资本市场比重较小且不够发达，金融市场化程度不高，金融业的开放程度有待提高，与此相对应的金融专业教学也呈现三个特点：偏重银行理论、注重宏观研究、侧重国内金融。为了满足高层次金融人才需求，现有金融专业的课程设置需要进行内部调整与完善。应遵循“宽口径，厚基础”的原则，培养学生的思维和创新能力；充分体现知识结构的合理性，避免给学生带来学习负担和产生负面效应；本着“实际、实用”的要求，强调理论与实践的紧密结合。

第一，增加金融投资方向理论课程的比重。资本市场是信用社会化深入发展的产物，为金融业创造了更广阔的发展空间。它提供了良好的直接融资平台，优化了资金配置效率。资本市场的发达程度成为衡量一国金融业发展水平的重要指标。近几十年来，随着资本市场及其衍生工具市场的迅猛发展，关于资本市场的理论发展也相当迅速，改变了传统金融以银行理论为核心的状况，对金融投资方向的理论研究更加深入。在基础理论方面发展出了有效市场理论、行为金融学等，在应用理论方面有金融工程学、公司金融学等，建立了大量的资产定价模型和风险管理模型，深刻的改变了传统的金融运行模式。针对这些变化，在金融专业的必修课程中应加大金融投资方向的课程比重。如图1所示，金融投资理论体系框架，像投资学、金融工程学、公司金融学等可以增设为必修课程。

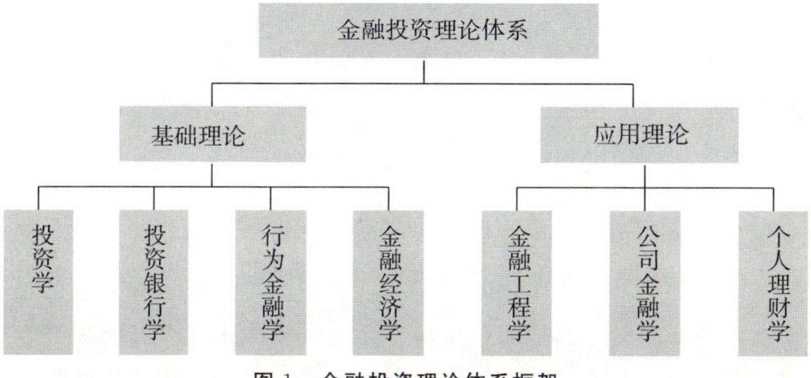

图1　金融投资理论体系框架

第二，增加微观金融研究课程。由于我国金融体系脱胎于计划经济，不可避免的管制色彩较浓，金融运行受制度、政策等宏观因素影响较大。在金融课程设置上也较偏重宏观金融的研究，造成学生所学知识的实践应用性降低，延长了金融人才的培养周期。而现代西方发达国家对金融理论的研究侧重于微观层面。由托宾和马克维茨创建的现代投资组合理论、资产定价理论等形成了现代西方金融学主流派。相应的发达国家金融学高等教育也是以微观金融理论和业务的商学院模式为主体。近年来，随着市场化进程的深入，我国金融业也发生了巨大变化：资本市场壮大、投资主体多元化、国际竞争加大，金融运行效率更多地取决于微观主体的行为，这些都促使人们开始重视微观金融问题，对熟悉微观金融理论和业务的人才需求迅速增加。因此，金融教学在保持宏观金融研究优势的同时，应向微观金融研究转变。在金融课程设置上顺应金融发展的微观化趋势，强调微观金融学的学习，从金融机构这些微观主体的实际需要出发来传授相关知识。在课程设置上，一方面，将原有课程中过于陈旧、不合时宜的内容进行更新，合理补充当前金融实践需要的新知识，如微观银行学、投资组合理论与实务、信托学、基金学等；另一方面，增开一些新的微观金融课程，如金融信息学、金融会计学、网络金融、金融电子化等。

第三，增加国际性金融课程。现有的金融专业课程中，虽然有国际金融、国际结算等几门涉及金融国际化方面的课程，但对发达国家金融机构的市场运作依然缺乏深刻认识。随着金融人才需求的国际化趋势，增开国际化的金融课程势在必行。为此，在金融课程设置上除了基本的国际金融理论和业务知识外，一方面，应增加国际规则方面的知识，如国际经济法，介绍国际惯例、主要国家的金融法律、国际性金融贸易机构的运作及其规章等；另一方面，增加国际交流方面的知识，如国际交往礼仪、国际谈判学等，介绍主要国家礼仪文化传统、经济外交军事政策等，增加学生对其他国家文化的了解和认识，提高国际竞争力。

第四，提高课程的复合性。培养复合型金融人才需要在课程设置上提高金融学专业课程与相关学科的交叉融合。首先，金融与法律的融合。金融市场正常运行离不开法律制度的规范。良好的法制环境和强烈的法律意识是金融市场有序运行的基础和前提。我国金融业进入国际金融舞台更要严格遵守国际通行的规则。不仅要守规则，更要充分利用规则维护自身的合法权益，开展合法的理财或避税等活动。因此，金融专业课程体系调整要注重金融学与法学的跨学科结合。除现有的经济法课程外，还要注重两者之间的内在结合，即注重金融运行自身的法律问题研究，开设金融法方面的课程。其次，金融与数学的融合。现代金融学科发展的一个显著特点，就是从过去只重视定性研究逐步转向定量分析。在对金融理论进行研究时，通过采集大量数据，并运用数学工具对金融活动中的利率、汇率、货币供应量、股价指数、金融期货指数、资产收益率等重要指标进行分析，才有可能在量化基础上得出准确结论。随着金融工程的兴起，各种金融模型更是越来越多的应用于日常的金融业务中。理解和运用这些数理模型需要较高深的数理知识，而缺乏这方面的知识将很难进行新型金融工具的设计和开发，难以占领高端金融市场。因此，为了培养高技能的金融人才，金融专业课程设置要反映金融与数学的跨学科结合，除已开设的高等数学、计量经济学、金融工程外，可以选开运筹学、泛函分析、金融随机过程等课程。再次，金融与外语的融合。熟练的外语能力是国际化金融人才的必备素质。除了开展金融专业英语课程外，更要加强金融专业课的双语教学，使学生有更多的机会使用外语。最后，金融与信息技术的融合。信息技术的发展深刻改变了金融运行的方式。金融业务的信息化需要金融业人才具备较强的计算机操作技能。因此，一方面，金融专业学生要熟练掌握各类信息技术，这类技术在信息时代是收集、处理经济信息必不可少的支撑条件，也是使用金融数理模型的基础；另一方面，要直接将信息技术引进日常的金融专业教学之中，开设金融电子化、网络金融方面的课程，还可以在金融实验室中进行某些专业课程的教学，使学生能熟练地掌握现代信息技术，处理实际问题。

2. 加快教材建设。为了加速我国金融专业教育与国际接轨，培养具有国际竞争力的高素质金融人才，我们要加快金融教材建设步伐。首先，引进国外先进专业教材。在教学中选用国外教材中文版或原版教材，有利于学生了解和掌握国际前沿的金融理论知识。其次，编写国内教材时应注重吸收国外金融领域的新思想，使新编教材的体系更加合理，内容更加符合金融理论和业务发展的实际，提高教材编写的前沿性、系统性、计划性、科学性。高校在教材建设上要从被动适应国际金融需要向主动吸收先进理论转化，要充分利用自身的学术优势和师资优势，加强与国外著名金融类财经院校的交流，拉近与国际一流金融学科的距离，在教学上实现与国际一流大学的同步。

3. 创新教学模式。在授课过程中，应采用传统教学与开放式教学相结合的方式，建立以学生为中心组织教学的模式。教师在整个教学过程中应扮演组织者、领导者的角色，根据学生的具体情况与教学内容指导学生，即以教导学。具体来说，传统教学以教师、教材、课堂为中心，教师按照教材逐章讲授知识。这种注入式教学方式虽然在教学环节中必不可少，但在一定程度上降低了学生自主学习和独立思考、发现问题的能力，学生较为被动。因此，一方面，要改进传统教学。教师对理论知识的讲解要精练、深刻，让学生抓住实质，同时增加理论应用的讲解，多开展案例分析、社会焦点问题讨论等启发式教学方式，激发学生兴趣，增强学生参与意识，加深学生对知识的理解，提高独立思考和解决问题的能力。另一方面，要采用开放式教学。以发展学生探索能力为主线来组织教学，以培养探究性思维的方法为目标，使学生通过再发现的步骤主动学习。在教师指导下，建立学习小组，每组在广泛的课题框架内，自主选择研究方向和内容，通过收集资料、实地调研，最后运用集体的知识、经验和思维，找出解决问题的途径，得出研究结论，并以演讲、论文等形式展示研究成果。这种教学方式可以充分调动学生的主观能动性，激发学生的创造力，并增强了团队合作意识。

另外，除课堂教学外，还可以利用网络教学。借助校园网和多媒体教室，以各种网上课件和教学信息网页为主要教学媒体，并通过网上讨论，E—mail 等网络信息传输手段，突破传统教学模式中单向传播和师生交互不足的局限，为学生、教师提供一个在线自主学习与个别化教育的环境，逐步形成一个以学生为中心，师生可以交互反馈，具有丰富教学资源与较为完善的网络教学支持服务体系的网上教学模式。该模式主要由学习辅导系统和网上讨论系统构成。其中，学习辅导系统包括专业介绍、课程说明、教材介绍、教学大纲、教师介绍、直播课堂、学习方法建议、练习、复习、作业等内容。在文字教材的基础上，进一步开发多媒体资源，开发并配备 CAI 课件，对文字教材进行必要的补充。加强自检自测，强化学生自主学习意识。网上讨论系统是为学生提供实时或非实时的交互学习机会，学生、教师可就学习中的问题随时进行提问或解答，并定期组织网上讨论会，从而强化教与学的交互性，增进师生之间的思想与情感交流，提高教学效果。

（二）实践教学

金融理论最终要应用于实践，将学生的理论水平转化为实际业务操作能力，培养高技能的金融人才是金融教学的根本目的。因此，为锻炼培养学生的实际操作技能，增强学生毕业后的工作适应性，在教学中必须高度重视实践教学环节。实践教学以培养学生认识问题、分析问题、解决问题的能力为目标，以培养学生动手能力为主线，以培养“岗位群”为出发点，通过提高教学过程中的实务操作比重，给学生提供更多实践机会，增强其知识运用能力。具体措施有：

1. 建立模拟实验室。金融专业是一门实践性较强的应用学科，在教学中培养学生的实际操作能力，加强基本技巧的训练，真正做到学以致用是学习这些课程的关键所在。因此，高校应当优化教学硬件环境，建立与实务课程相关的模拟实验室，完善实验室配套设施和用品，包括配备先进的银行会计业务、银行信贷业务，证券投资与外汇交易业务、保险业务的实践教学软件，发挥专业实验室的综合作用。在实务课程教学中，利用多媒体技术创设模拟情境，如模拟银行业务操作、模拟证券市场交易等，使学生在练习中初步掌握金融业务的基本操作，从而更加深刻的认识和掌握理论，更加灵活的运用理论于实践之中。

2. 开展金融实务竞赛。高校可以与当地金融部门协作，举办金融类竞赛，如模拟外汇交易、模拟炒股、模拟期货买卖大赛等活动。学生通过参与可以学到更多实务知识和应用技巧，提高分析能力、动手能力和解决问题的能力，在竞赛中加深对知识的理解。

3. 举办金融类讲座。高校可以邀请从事金融实际工作的业内人士、专家、学者定期向学生传播学术动态、讲授金融业务，开阔学生视野。通过讲座、交流，学生可以捕捉到金融业前沿、实用的信息，了解当前行业所需的知识和技能，从而更有针对性的训练自己，提高学习的积极性和主动性。

4. 办好校外实践基地。高校应与当地的金融部门保持良好的长期合作关系，建立校外实习基地，有计划的安排学生到这些机构开展社会调查和集中实践。学生在基地实习期间，由金融企业内部经验丰富的人员作为实习指导教师，按照所制定的培训计划和实习任务安排工作。实习结束时由指导教师评定成绩。学生通过亲身经历实际业务不仅可以检验所学理论的科学性，掌握操作技能，还可以磨炼意志，培养沟通能力和服务意识，逐步走向成熟。

5. 增加国际交流机会。高校应与国外有名的金融类院校建立合作伙伴关系。每年通过选拔、考核定期输送本校学生到国外高校进行交流。学生通过在国外高校一定时间的学习和生活，不仅学习到国外先进的金融理论，而且对国外文化有了切身的了解和体会，增强了国际交流能力。同时，高校也要定期选派教师去国外院校进行交流、培训，学习国外先进的金融教学理念、办学模式和教学方式，提高师资队伍素质。

综上所述，金融专业教学目标是培养高素质、高技能、复合型、国际化的金融人才。为了实现这一目标，在金融教学改革中既要注重理论教学的实用性，又要加强实践教学建设，努力做到“三个结合”，即“理论与实践相结合、国际视野与本土经验相结合、历史一现实一未来三维视角相结合”，全面提高金融人才的综合素质，为推动我国金融行业的发展贡献力量。

主要参考文献

1. 徐慧贤，金桩．对“金融工程学”专业人才培养的探析．内蒙古师范大学学报，2009，5.

2. 赵何敏．货币银行学的创新与互动．中国大学教育 2007，7.

3. 夏斌．金融专业人才培养模式改革效应．上海金融报，2006，11.

4. 王国华．中国金融人才培养的现状与未来．中国信息报，2006，3.

5. 王广谦．21 世纪中国金融学专业教育教学改革与发展战略研究报告．上海：高等教育出版社，2004，8.

对股价指数期货定价模型的探讨

梁万泉

[内容摘要] 本文在比较国内外股价指数期货定价模型的基础上，对现有模型的一些缺陷进行了分析，并提出了进一步修正的设想。

[关键词] 股指期货　定价模型　预期　行为金融

自 1970 年资本资产定价模型问世后，在资产定价理论和实践中得到了广泛的应用，一些学者①试图用资本资产定价模型对金融期货进行定价，但最终得出的结论表明资本资产定价模型并不适用于金融期货定价，主要原因是无法寻找到合适的系统风险 β，许多学者进行相关方面的实证研究也表明了 β 为负值，且相关系数不大，因此不能很好地解释股价指数期货的定价。本文将对目前主流的股价指数期货定价模型——持有成本定价模型进行比较分析和探讨。

一、模型的假设条件

无论是离散型的股价指数期货定价模型还是以连续复利推导出的定价模型，对股价指数期货定价都依赖于 Sutcliffe（1993）提出的以下主要假设条件：

（1）无交易成本、无初始保证金、无红利风险、无税收。

（2）无风险利率恒定或者可预知，且借贷利率相等。

（3）存在卖空机制，股价指数期货对应的标的资产（基础资产）即指数所对应的股票可以卖空，卖空所得资金可马上付给卖出方。

① 主要有克劳斯·克博尔等人对 1978～1982 年美国的长期国债和 GNMA 期货交易的定价等。

(4) 标的资产的市场流动性有保证，可在交割时以交割价同时买卖指数对应的股票和期货合约，且构成指数的基础资产的股票以及期货合约都是无限可分的。

(5) 购买的股票没有交割上的延迟，盈亏直到交割时才支付。

(6) 期货合约没有违约风险。

二、简单持有成本模型及国内外模型的比较

由于股价指数期货交易实际上是一种将来要进行的指数现货交易，所以对期货合约的卖方来说，相当于现货卖出马上就可以得到现金的情形，由于期货的交易需持有一段时间到期后才可交割，由此产生了持有成本，这一成本需通过期货价格得到补偿。期货合约的买方则因由于延迟支付而付出一定的融资费用。此外，因为基础资产是一篮子股票，合约的买方会因为延迟持有股票而失去这一时期的股息分红，同时合约的卖方则由于多持有一段时间的股票会收到股息从而降低其持有成本，因此，期货的价格可以用下列形式简单表达：

$$F = S(1 + r) - D \qquad (2-1)$$

其中，为期货价格，为现货价格，为期货合约期限内的折算的无风险利率，为期间股息收益。

离散型持有成本模型

$$F = (S - D)(1 + r)$$

连续复利计算的股价指数期货定价模型

$$F = Se^{(r-d)(T-1)}$$

交易动机模型和持有成本模型是股价指数期货定价理论的主流模型，除了该模型外，国内外学者还提出了其他一些重要的定价模型，本文将对这些模型进行比较，并从中找出影响股价指数期货定价的因素。

(一) 国外学者的几个重要定价模型

1. KL－emkosky 和 Lee (1991) 的模型。

KL－emkosky 和 Lee (1991) 的模型形式如下：

$$F_t = S_t(1 + r)^{T-t} - D_t \qquad (2-2)$$

其中，F 为股价指数期货合约在 t 期的理论价格，St 为现货指数在 t 期的价值，T 为期货合约到期日，Dt 为从 t 期到 T 期的股利收入再投资后总价值，r 为无风险利率。

2. 科尔布（R. W. Kolb）持有成本模型：

$$F_{0,t} = S_0(1+C) - \sum_{i=1}^{n} D_i(1+r_i) \quad (2-3)$$

其中，$F_{0,t}$ 为现在时刻决定的 t 时刻到期的股价指数期货价格，S_0 为相关股票指数期货的股票价值，C 为从现在时刻起至 t 时刻的持有成本，D_i 为第 i 次股息，r_i 为持有第 i 次股息至到期的利息。

3. 一般均衡模型。以上的定价模型都是根据无套利条件假定推导出的定价模型，且假定指数值是事先给定的。Hemler 和 Longstaff 放松了这一假定，构建了一个一般的均衡模型。他们把市场的波动性和随机利率引入模型，认为指数、指数回报率的波动性、指数期货的价格和随机的无风险利率是同时决定的，Hemler 和 Longstaff 用 1983 年 1 月到 1987 年 11 月的 NYSE 综合指数期货的月数据进行了实证研究，得到了与无套利模型不同的结论，回归方程如下：

$$L_t = \alpha + \beta r_t + \gamma V_t + \varepsilon_t \quad (2-4)$$

其中，$L_t = ln[(F_t + D)/S_t]$，是指数回报率的波动性，r_t 是无风险利率，α、β、γ 是参数，是随机误差项。该模型与无套利模型预测结果的区别在于：无套利模型预测 $\alpha=\gamma=0$，$\beta=\kappa$（κ 为合约的有效期，以年为单位），而一般均衡模型的预测结果为 $\alpha\neq0$，$\gamma\neq0$，$\beta>0$，$\beta>\gamma$，$\beta>\kappa$。

他们的实证分析结果表明，大部分情况下是支持一般均衡模型的，波动性的引入可以一定程度上解释那些无套利模型认为定价偏差的现象。特别是对从 1986 年 1 月到 1987 年 11 月的 NYSE 数据检验时，分别进行了包括与剔除 1987 年 10 月数据情况下的测试，结果表明：包括 1987 年 10 月的数据时，一般均衡模型的定价偏差较小；剔除 1987 年 10 月数据的情况下，定价偏差较大。这说明，在市场波动性很大的情况下，一般均衡模型效果较好；而在市场波动较平稳时，无套利模型更为优越。

（二）国内学者的几个重要定价模型

由于我国一般采用年利率，而非连续复利，因此，国内学者对股价指数期货的定价相对简单，主要有以下一些形式：

1. 宋逢明（1999）的定价模型。宋逢明利用布莱克—斯科尔斯期权定价公式进行推广，讨论了标的物股票具有已知红利率的期货定价，他认为现在时刻 t，标的物股票的价值由两部分组成，一部分为在到期日 T 之前发放的红利，另一部分是一份标的物股票在到期日 T 的价值的现值（在时刻 t）。而具有已知红利率为 d 的标的物股票在时间 t 的价值 Y（t）以连续复利计算可表示为：

$$Y(t) = S(t)e^{-d(T-t)} \tag{2-5}$$

由于股票指数可以看做是按照固定红利率支付红利的资产，以其为标的物的股价指数期货的价格可以表示为：

$$F(t,T) = [S(t)e^{-\eta(T-t)}]e^{rf(T-t)} \tag{2-6}$$

其中，为股价指数期货价格，为标的指数的价格，为红利率，为无风险利率，t 为现在时刻，T 为股价指数期货到期日，且 t＜T。可以看到，该定价模型是与连续复利的经典定价模型一致的，将上式进行简单变换可得：

$$\begin{aligned} F(t,T) &= S(t)e^{-\eta(T-t)}e^{rf(T-t)} \\ &= S(t)e^{-\eta(T-t)} + rf^{(T-t)} \\ &= S(t)e^{(T-t)(rf-\eta)} \end{aligned} \tag{2-7}$$

2. 王春峰（2000）的定价模型。该定价模型为：

$$F_t = S_t[1+(r-q \times dd/360)] \tag{2-8}$$

其中，F 为股价指数期货价格，S_t 为股价指数期货标的资产的即期价格，r 为无风险零息债券的年利率，dd 为从收益支付到到期日的天数。

3. 钱小安（1997）的定价模型。该模型的基本思路为：根据资产组合风险理论，从单只股票定价扩展为多样化的股票指数资产组合，并考虑风险补偿和随机误差变量。该模型优点为推理的逻辑清晰，考虑的影响因素全面。缺点是计算复杂，风险补偿和随机误差项不确定因素较大。模型公式如下：

$$P_p = [\sum_{i=1}^{M} w_i(P_i) - \sum_{j=1}^{N}(r_{j,i}+\alpha)/(1+r)^j](1+r)^N + u \tag{2-9}$$

其中，P_p 为股价指数期货价格，P_i 为股票的价格，M 为资产组合中股票的数目，w_i 为股票 i 在资产组合中所占比重，$r_{j,i}$ 为 i 股票在单个期间

j 的预期收益，N 为到期时刻，α 为股票指数资产组合由于未能多样化而要求增加的风险补偿收益，r 为无风险利率，u 为随机扰动项。

4. 赵广辉（2002）的定价模型。该模型的定价原理为：股价指数期货合约协议开始没有资金流动，交易双方约定在以后某个时间进行交易，与现货交易相比，合约的买方可以在未来时期支付现金，可视为获得资金融通，应支付资金融通成本；合约的卖方未能马上获得资金，须等到未来才能获得，损失了资金在这段时间的收益，应该获得一个融资成本来补偿。由于股价指数期货对应的资产是股价指数，可看成指数化股票组合，具有指数化股票的收益率。该收益在合约到期日之前因卖方持有股价指数期货合约而由卖方获得，买方因为不能马上持有这个指数化股票组合而损失这一收益。因此，股价指数期货合定价时要减去对应的指数化股票收益率。根据这一原理，可以得到股价指数期货定价公式：

$$F = S(1 + r - q) \quad (2-10)$$

其中，F 为期货价格，S 为现货价格，r 为无风险收益率（融资成本），q 为指数化股票收益率。

该模型进一步扩展，当股价指数期货合约期限在一年以内，用年利率和指数化股票年收益率表示的股价指数期货合约价格可表示为：

$$F = S[1 + (r - q)dd/365] \quad (2-11)$$

其中，dd 为合约到期天数。

这一模型通俗易懂，简单明了，但假设过于完美，该模型与王春峰等人的模型基本相同。

三、对股价指数期货定价模型的分析

（一）原有模型假设条件的缺陷

从严格意义上讲，股价指数期货定价理论的前提假设过于完美，假设条件很难得到满足，以至于股价指数期货定价模型有偏于其理论价值，并且与现实中的股价指数期货价格偏离更大。Schwarz，Edward W，Joanne M. Hill 和 Thomas Schneeweis 在 1986 年的研究中指出，从指数期货推出到 1984 年秋，典型的股价指数期货价格都在其理论价值上下 1% 内波动，

1984年秋以后实际的股价指数期货价格对理论定价的偏离更大，有时高达4%～5%，甚至更大。许多其他的研究如Modest和Sundaresan（1983）；Mackinlay和Ramaswamy（1988）指出，期货价格从本质上说偏离了理论价格。Brenner（1989）等研究了Nikkei指数期货合约在SIMEX市场交易的价格行为，发现了错误定价的存在。他们还检验了从指数期货市场衍生出来的隐含利率，缺陷之一是他们的研究受非同步交易问题的影响，即新加坡市场比东京交易市场晚15分钟关闭。Tang1989年检验了香港恒生指数期货价格和现货价格的理论关系，他发现HSIF合约错误定价是明显的，而且基差为正，指数期货合约的价格高于现货价格。

1. 无交易成本、无初始保证金、无税收等的假定过于完美。无交易成本、无初始保证金、无税收等的假定过于完美，与现实中的情况不符，主要表现为：

（1）模型假定股价指数期货市场与现货市场是具有效率的高度统一的市场，并未考虑到股价指数期货市场和现货市场之间在市场结构方面的显著区别。

（2）在仅考虑投资因素的情况下，一般说来，股价指数期货的保证金会使市场参与者倾向于降低股价指数期货的价格或愿意以更高的价格投资于像远期合约那样没有保证金的投资工具，因此保证金制度会对股价指数期货的价格产生一定影响。股价指数期货市场实行逐日盯市结算的保证金制度，使得股价指数期货的实际价格与理论价格有所背离。因为股价指数期货实行逐日盯市的保证金制度，如果投资者对所建立的期货头寸决策正确的话，股价指数期货投资所产生的收益通过依市价逐日结算，使得投资所产生的收益可及时抽回并再投资于其他领域，这与远期合约等其他金融投资工具有所不同；反之，如果投资者对价格预测错误时，股价指数期货要付出更高的机会成本。因此，投资者一般会根据其风险偏好、预期以及市场流动性等影响变动保证金机会成本的有关因素，进行分析决策，从而这些因素也会影响和制约股价指数期货的定价。

（3）税收和交易成本对股价指数期货的价格也会产生影响。Cornell和French比较了1982年6～9月第一个交易日S&P500和NYSE期货合约的实际价格和理论价格，发现几乎所有的理论期货价格都要高于实际期货价格，他们认为差别的原因主要是由于现货市场和期货市场征税方法不同而引起的。

2. 关于卖空方面的假设条件过于完美。股价指数期货市场可以进行卖空交易，而在现货市场即使在西方国家，除经纪商和批发商外，对现货资产的卖空受很大的限制。这一限制无疑对资产持有者进行保值交易有所抑制，并阻碍了与现货空头有关的投资策略，致使股价指数期货市场比现货市场具有更高的流动性和更高的效率。在交易活跃的股价指数期货市场获得大量的头寸要比在相关现货市场获得同样的头寸容易得多，从而使股价指数期货能够在更低的价格上进行交易。

（1）世界各国对股票卖空的规定不尽相同，大多数国家都在一定程度上有所限制。美国规定只有在股票价格上升时才可以进行卖空，这对于指数成分股票个数较多的股票例如 S&P500、NYSE 综合指数等宽基指数来说卖空所有成分股几乎是不可能的。英国允许在价格下跌后进行卖空，但只有做市商和某些交易所会员可以借股票卖空。如果套利交易者持有那些不能卖空的股票，或只能部分卖空，那么期货的价格可能低于无套利的价格，套利组合的表现并不能完全事先确定，套利可能是有风险的。Miller（1992）对纽约股票交易所 1990 年引入的卖空限制规则——规则 80a[①] 的实施进行了实证分析，发现虽然规则没有使现货价格和期货价格完全脱离，但股价指数期货价格的波动性有轻微增加，流动性有所减弱，套利交易量下降了 1/3。实际上这一规定在价格剧烈波动时把期货价格和现货价格割裂开了。

（2）卖空所得收入有所限制。根据无套利条件的假设，卖空股票可以马上获得卖空所得收入。实际上部分卖空所得可能要等卖空方完成股票交割时才能得到。如果卖空所得有 p（%）是可以马上得到的，而其余部分需要到期货交割时才能得到，那么卖空股票所得现金终值简单的计算将减少到 $S(1+rp)-D(1+r)$，无套利区间变为：

$$S(1+rp)-D(1+r) \leqslant F \leqslant (S-D)(1+r) \qquad (3-1)$$

（3）世界上许多缺乏卖空机制的国家和地区如韩国和香港、台湾地区等都在无卖空机制的情况下引入了股价指数期货，因此该假设并不能覆盖

① 该规则规定在 NYSE 指数下跌 50 点后，卖空股票和卖出股票都必须在上一价格上行情况下才能进行。

各国资本市场引入股价指数期货的现实。Joseph. K. W. Fung 和 Paul Draper1999 年对香港地区资本市场缺乏卖空机制对股价指数期货定价和套利的影响作了实证分析，结论表明，禁止股票卖空的制度会增大指数期货定价偏离合理范围的发生频率与偏离幅度。通过解除对股票卖空的限制，可以有效地降低期指市场的错误定价。Gerald D. Gay 和 Dae Y. Jung1999 年就同样问题对韩国市场进行了实证分析，分析得出了股票卖空机制对股价指数期货错误定价行为是有影响的，但影响有限。

3. 股价指数期货定价公式中要涉及股票红利的确定。尽管红利可用特定红利流的现值进行测算，也可用红利率或年红利率来表示，但前者的测算计算起来比较复杂，实际操作具有很高的难度；后者用红利率来表示实际是假设每一段时间都存在一个恒定的红利率，而实际红利的流向在一年中是非均匀的，因此恒定红利率的假设是不正确的。Robertson1990 年对 FT－SE100 指数成分股的红利发放进行了统计，Gastineau 和 Madansky1983 年对 S&P500 指数的红利分布以及 Kipnis 和 Tsang1984 年对 DJIA 成分股的红利分布进行了研究，结果表明分布是不均匀的。由此可以得出，红利率恒定均匀的假设是过于完美的。

（二）预期因素对股价指数期货定价的影响

持有成本模型基本上反映了股价指数期货定价的内容，但没有考虑预期因素对股价指数期货定价的影响。在经济学中，预期是指对当前决策有关的经济变量未来值的预测，它是决策者对那些与决策相关的不确定变量所作出的估计。最早凯恩斯在他的《就业、利息和货币通论》中就指出预期与许多经济现象相关，1961 年穆斯（John Muth）提出了理性预期（Rational Expectation）的假设。因为股价指数期货的定价并非只反映其持有成本，还反映投资者对股价指数期货价格的预期，股价指数期货价格的最终形成在一定程度上取决于大量投资交易者对股价指数期货合约未来价格的估计，当市场参与者预期期货到期时的即期价格高于当前的期货价格，他们就会购入股价指数期货从而导致当前的股价指数期货合约价格上升；反之，他们则卖出股价指数期货合约从而导致期货价格下降，因此，市场参与者对市场的预期将影响股价指数期货价格的形成。一些学者认为，股价指数期货的定价并非反映其持有成本，而是反映股价指数期货市场价格的预期，他们主张股价指数期货价格与相关资产价格之间的关系可表示为市场参与者（保值者、投机者和套利者）对市场的预期，即：

$$F_t = E(S_t) \tag{3-2}$$

在这里，F_t 代表到期日为 t 的股价指数期货价格，$E(S_t)$ 为对到期日为 t 的现货即期价格的预期。这一理论模型虽然强调了预期在股价指数期货价格形成中的作用，但却无法很好解释股价指数期货套利交易理论和投资者套期保值的交易行为等。

（三）行为金融与股价指数期货定价

套利的原理是指通过低买高卖的策略使证券的价格与基础价值保持一致，前提之一是理性的套利者在市场上占上风，一定会使价格很快回到基础价值上，但在众多的投资者处于信息、知识不完全和有限理性时，有效的价格机制难以形成。噪声交易理论认为，投资者可被划分为理性套利者和噪音交易者（即非理性投机者），噪音交易者根据与基础价值无关的噪音信息进行交易，他们过分主观地误以为自己掌握了有关风险资产未来价值信息，在信息不完全条件下从自身创造的风险中获利。

噪音交易者的行为在交易中存在正反馈交易行为（positive feedback trading），即投资者在价格升高时买进证券，在价格下跌时卖出证券。对正反馈交易的原因分析认为主要来自人们对价格的预期采用简单的外推行预期（Case 和 Shiller，1998）或追逐潮流的做法，也可能是由于卖出与买入证券时规定价格上下限的指令方式，这一方式在价格下跌时会导致加速卖出，此外，投资者不能满足债权人的追加保证金要求（margin call）而被迫平仓以及财富效应（Black，1988）会使投资者愿意承担更大的风险等，也被解释为正反馈交易行为的来源。噪音交易者的正反馈交易行为无疑对市场价格的有效性提出了挑战。在一般情况下，套利者是要依赖噪音交易者的需求稳定市场价格，但是当套利者遇到正反馈交易时，对市场价格的稳定起了相反的作用。当套利者在收到利好消息时，会大量买进推动价格升高，正反馈交易者会在已经升高的价格基础上加码，使价格更大程度偏离价值，套利交易者的全部卖出也无法平稳价格，

正因为噪音交易者的存在，市场有效性的价格形成机制受到了挑战。许多关于行为金融学方面的研究表明，股票现货市场的价格与其基础价值

是长期偏离的。Shiller（1990）比较了股票的基础价值和价格，具体参见图 1。由此可以看出，利用股票价格为基础对股价指数期货进行定价也有其局限性。

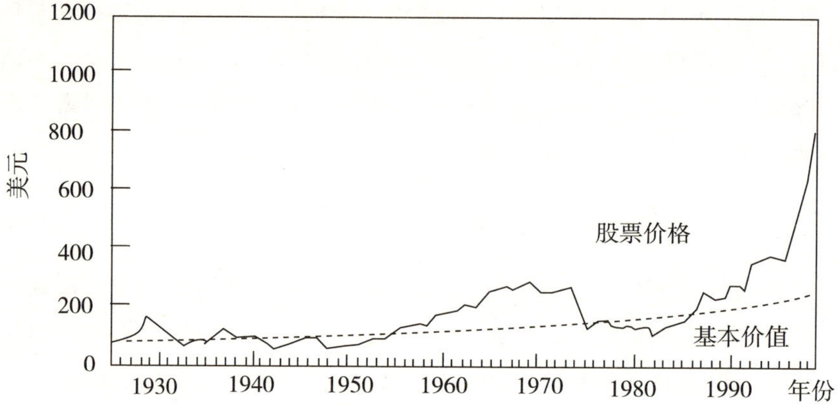

图 1　1925～1999 年间股票的基础价值与真实价格的比较

资料来源：引自饶育蕾，刘达锋著《行为金融学》，上海财经大学出版社 2003，第 35 页。

此外，现货市场流动性出现问题也会影响股价指数期货的定价，特别是在股价发生大的波动的情况下，在现货市场和期货市场进行买卖交易往往很困难，这些问题需进一步探讨。

四、股价指数期货定价模型的修正

根据前面的分析思路，在股票的市场价格长期偏离基础价值的情况下，可以考虑用股票的理论价格代替股票的市场价格，并根据股价指数的计算方法用理论价格计算股价指数来代替市场实际股价指数，同时考虑到股息红利分散性和预期因素对股价指数期货的影响，对股价指数期货定价模型进行修正。

（一）股价指数理论价格的计算

根据 Williams. J. B 1938 年提出的投资价值理论，考虑到价值的动态运动和货币的时间价值，以市场利率为折算系数对未来公司的红利额的折现值作为股票投资价值的测量指标，可得到股票理论价格的计算公式：

$$V=\frac{D_1}{1+r}+\frac{D_2}{(1+r)^2}+\frac{D_3}{(1+r)^3}+\cdots=\sum_{t=1}^{8}\frac{D_t}{(1+r)^t} \quad (4-1)$$

其中，V 代表普通股的内在价值，D_t 为普通股第 t 期支付的股息和红利，r 为贴现率。考虑到股价指数期货合约的期限为 3 个月、6 个月、9 个月和 12 个月，都在一年之内，若股票在第 k 月出售时，若卖出的价格为 S_k ，则上式可变为：

$$V=\sum_{t=1}^{k}\frac{D_t}{(1+r)^t}+\frac{S_k}{(1+r)_k} \quad (4-2)$$

其中，r 为月贴现率，t 为月份。对股价指数期货来说，组成股票指数的成分股票的价值的计算方法（算术平均或几何平均）不同，基期和基值的选择都会影响指数价格，利用算术平均加权的股票指数公式，可得：

$$S=\sum_{i=1}^{m}w_i(V_i/V_{i0}), \quad (4-3)$$

其中为股票 i 的价格，V_{i0} 为 i 股票的基期价格，m 为成分股数。

（二）股息红利折现值的计算

由于实际红利的流向在一年当中是非均匀的，恒定红利率的假设是不正确的，所以这里不考虑红利率的计算，而是考虑红利流的现值。

$$D=\sum_{i=1}^{m}\sum_{t=1}^{k}w_i\frac{D_t}{(1+r)^t} \quad (4-4)$$

其中公式中各项符号与（1—29）（1—30）（1—31）式中相同。

（三）对定价模型的修正

由于股价指数期货交易实际上是一种将来要进行的指数现货股票交易，所以对期货合约的卖方来说，如果是现货卖出马上就可以得到现金，但期货的交易需持有一段时间到期后才可交割，由此产生持有成本 C，这一成本需通过期货价格得到补偿。期货合约的买方则因由于延迟支付而付出一定的融资费用。此外，因为基础资产是一篮子股票，合约的买方会因为延迟持有股票而失去这一时期的股息分红，同时合约的卖方由于多持有一段时间的股票会收到股息从而降低其持有成本，因此，期货的价格可以用下列形式简单表达：

$$F = S(1 + C) - D$$

将 S、D 式带入上式可得：

$$F = \sum_{i=1}^{m} w_i (V_i / V_{i0})(1 + C) - \sum_{i=1}^{m} \sum_{t=1}^{k} w_i \frac{D_t}{(1 + r)^t} \quad (4-5)$$

考虑到预期因素对股价指数期货价格的影响，在持有成本的基础上，还可以将上述模型加上预期对股价指数期货价格的影响进行修正：

$$F = \sum_{i=1}^{m} w_i (V_i / V_{i0})(1 + C) - \sum_{i=1}^{m} \sum_{t=1}^{k} w_i \frac{D_t}{(1 + r)^t} + E(t) \quad (4-6)$$

其中 E（t）为预期对股价指数期货价格的影响。

参考文献

1. 大卫·福特著，吴林祥译．《股票衍生产品》．上海：上海财经大学出版社 1999.

2. 钱小安著．《金融期货的理论与实践》．北京：商务印书馆 1997.

3. 饶育蕾，刘达锋著．《行为金融学》．上海：上海财经大学出版社 2003.

4. 宋逢明著．《金融工程原理－无套利均衡分析》．北京：清华大学出版社 1999.

5. 王文灵，于瑾编著．《衍生工具定价理论》．北京：经济科学出版社 1998.

6. 王春峰著．《金融市场风险管理》．天津：天津大学出版社 2001.

7. John C. Hull，"Options，Futures，and Other Derivatives" Fourth Edition.

8. Fung，Joseph K. w. and Draper，Paul，Mispricing of Index Futures Contracts and Short Sales Constraints，The Journal of Futures Markets，vol. 19，No. 6，1999，P695～715.

9. Hemler，M. L. and Longstaff，F. A. "General equilibrium stock index futures prices：theory and empirical evidence"，Journal of Financial and Quantitative Analysis，vol. 26，No3，1991 September，p287～308.

近年我国进出口贸易中国际结算方式使用状况初探

刘民俐

国际结算方式是指国际间贸易与非贸易往来所产生的债权债务在清偿时所采用的形式和方法。其中最常用的是信用证结算方式。在我国，各个比较知名的银行均开办了国际贸易结算业务，例如招商银行主要提供开立信用证、进口代收、进口押汇、提货担保、出口托收等业务；建设银行主要提供办理进口开证，提供授信额度，担保提货额度和进口押汇业务、办理进口代收业务、办理出口来证，打包放款及出口押汇业务、办理托收业务等：中国银行主要提供的是信用证业务、银行保函业务等。

由此可以看出，我国的银行大部分都提供了信用证业务、进口代收业务、提货担保业务等。而在我国的对外贸易中，出口企业主要使用信用证支付方式，其使用比例高达 80%～90%，尽管近年来信用证的使用率有所下降，但仍是出口企业首选的结算方式。而事实上，随着国际贸易的深入发展，一直处于主导地位的信用证结算方式从 90 年代以后，它的使用率已经迅速下降。随着经济、金融全球化浪潮的到来，各国间贸易迅速发展，国际市场发生了重大变化，国际贸易竞争日益激烈，竞争手段层出不穷，涉及国与国之间债权债务关系的跨国货币收复活动的国际贸易结算，其方式也经历着一次重大变革。

一、国际结算方式发展的新趋势

在国外，从历史传统的角度看，信用证曾是全球国际贸易中出口方的首选结算方式，在 20 世纪 60 和 70 年代占比高达 85%，因为这种结算方式总体上对买卖双方所提供的保护比较均衡，一方面使出口方可以通过银行信用证，在发货、提交相符单据条件下获得货款安全保证；另一方面，使进口方可以通过规定所需要的信用证单据条款，来获得自己的付款安全和按时收到货物。然而，进入21世纪以来，以银行信用为基础的信用证结算方式逐渐下滑，而以商业信用为基础的非信用证结算方式，如托收和汇款，逐步取代信用证成为主流的结算方式，信用证结算方式正逐渐失去其主导地位。

信用证在国际结算中所占比重不断下降的原因有：

1. 国际贸易竞争的环境发生很大变化。国际市场主动权逐步由卖方转向买方，加上我国人民币的持续升值、原材料价格上涨、劳动力成本上升，更加快了买方市场的形成。买方市场使得结算方式的选择比较迁就于买方，而不大愿意采用信用证这种相对有利于出口方的结算方式。因为信用证方式虽然安全度高于汇款和托收，但买方申请开证需要向银行缴纳开证保证金，而造成资金被占压。在这种情况下，卖方若一味要求采用信用证结算只会贻误商机、削弱自身的竞争力。

2. 信用证结算方式本身存在无法避免的弱点。信用证结算方式的缺陷主要表现在：（1）是一种纯粹的单据买卖，即只要“单证相符”，开证行就一定要付款，进口商也一定要“付款赎单”。因此，进口商有可能得到与信用证规定完全相符的单据却不一定能得到与单据条款完全相符的货物。（2）在信用证方式下，出口商有可能遭到进口商不开证或者不按期开证的风险，出口方银行有可能遭到开证行倒闭或无理拒付的风险。（3）结算手续复杂、费用较高。信用证方式除了必需的发货、交单、收款、付款外，还增加了申请开证、通知信用证、议付、审单等环节，手续复杂，费用也较高，加大了贸易成本。

3. 国际结算方式中的附属结算方式日益广泛应用。如国际保理、福费廷等

国际保理业务是在国际贸易中，在以托收、赊账等商业信用出口货物时，出口商交货后把应收账款的发票和装运单据转让给保理商，由保理商向出口商提供的一项包括进口商资信调查、百分之百的风险担保、账款催收、财务管理以及贸易融资在内的综合性金融服务。无论是对出口商、进口商还是银行而言都具有独特的优势。首次，对出口商而言，运用国际保理业务最大的优势在于能获得无追索权的、手续简便的贸易融资，出口商出口货物后，就可以获得保理商100％的收取货款保障；其次促进了销售。

由于保理商代出口商对进口商的资信进行调查和监督，克服了信息障碍，为出口商决定是否向进口商提供商业信用以扩大商品销售，提供了准确的依据和信息数据。此外，借助保理业务可以向客户提供赊销、付款交单、承兑交单等结算方式，大大提高了产品出口的竞争力，有利于出口那些非信用证结算方式，如付款交单、承兑交单以及赊销等以商业信用为保证的结算方式开始被广泛使用，很快成为国际贸易中的主流方式。据统计，欧美企业的信用证使用比例已降至10%～20%，亚太国家的信用证使用比例也在逐年下降，大多数业务已采用以商业信用为保证的结算方式，辅之以完善的风险管理来进行。由此可见，使用商业信用的结算方式已是全球国际结算的发展新趋势。

二、我国进出口贸易结算方式发展变化的新特点

根据随机抽取的参加2008年4月第103届广交会二期的陶瓷、礼品和玩具行业的共59家企业的调查结果，这些企业在国际结算方式选择方面，最常用的是电汇（T/T），而信用证则属于次要位置。并且企业针对不同客户，通常将几种结汇方式混合搭配使用。可见，就国际结算方式的选择而言，中国和全世界一样面临相近的基本发展趋势。信用证结算方式正逐渐失去其主导地位。但是，从宏观历史的层面看，信用证结算方式依然是我国最常使用的结算方式，原因主要有以下几个方面：

1. 信用证结算方式在我国已经形成了一种传统、一种习惯。在我国外贸出口的初级阶段，信用证结算方式在出口企业的安全收汇及资金融通、扩大我国出口规模、发展外向型经济方面曾经起到过很重要的作用，时至今日，许多企业仍然沿用，没有改变。无论是在真正的进出口贸易中，还是在理论学术界，信用证结算方式都有其不可动摇的地位。

2. 企业和结算银行都片面强调了信用证结算方式的安全性。认为只要使用信用证结算方式，收汇就没有问题。从而忽略了信用证方式下潜在的风险和陷阱。信用证方式只是相对的完善，并不可能解决所有的风险，如成交以后出口商仍有可能遭到进口商不开证或不如起开证的风险；开证行可能借口但证不符而无理拒付，或者开证行倒闭无力支付使出口商不能收到货款；进口商可能遭到出口商不交货或以坏货、假货、假单据进行诈骗

的风险；开证行可能遭到进口商倒闭或无理拒付的风险；同样出口地银行也可能遭到开证行倒闭或无理拒付的风险。而在出口商的眼中，银行信用更加安全，更加有保证，从而没有看到它的潜在风险。

3. 出口企业惧怕商业信用，从而不愿采用。的确，在出口商来讲，最怕收不到货款，而采取商业信用的风险在他们认为要大于银行信用。所以不愿采用。而对于一些外销员来说，采用信用证方式，即使收不回货款也不会追究个人责任，因此也不愿采用商业信用。

4. 企业融资。企业从融资的角度考虑，信用证可以提供打包放款的便利，而且手续很简便，费用又低，因此企业从自身的利益出发，愿意采取信用证方式。

5. 企业风险管。企业缺乏风险管理意识和信用管理机制，导致外汇流失。我想这也是对企业最直接的影响，同时也是最大的影响之一。

基于以上几个原因，我想在短期之内，信用证结算方式仍然会是我国国际结算方式的主要使用方式，但是如果持续不变的使用信用证方式会带来一定的负面影响，不利于提高我国出口产品的竞争力，会抑制我国出口的扩张。

随着经济的全球化、一体化，国际市场竞争的日趋激烈，结算方式也成为一个有利的竞争手段，如果我们不改变，就会落后，就会在竞争中处于劣势，因此，我们应该紧跟国际趋势，遵循国际惯例，灵活运用各种结算方式，进一步增强自己的竞争力，开拓更广阔的国际市场。

金融业的战略体验和营销对策

刘妍芳

[内容摘要] 随着体验经济的到来，体验营销日益受到关注。本文阐述了体验营销的特点，并结合金融业的特点，分析了金融业体验营销的战略体验模块，论述了我国金融业的体验营销对策。

[关键词] 体验　体验营销　金融业

1998年美国小约瑟夫·派因（B. Joseph Pine）与詹姆斯·吉尔摩（James H. Gilmore）在美国《哈佛商业评论》发表的《体验经济时代来临》中指出：体验经济时代已经来临。经济发展与社会形态的变迁息息相关，随着经济社会的发展，人们的需求与欲望，消费者的消费形态也相应地发生了变化。体验经济时代的到来对企业营销造成了革命性的变化。但到底何谓体验营销，金融业又如何执行体验营销管理呢？

一、体验营销的特点

20世纪80年代以来国际上掀起了研究顾客消费体验和体验营销的浪潮。消费体验遂成为消费行为学研究的前沿问题。霍尔布鲁克（Holbrook）和赫施曼（Hirschman）1982年在《消费体验观：情绪、幻想与娱乐》中指出，相比传统的理性功能型消费，感性体验型消费将走上历史舞台。消费体验的重视促使消费者行为研究渐渐从消费理性转移到关注消费者感情、梦幻以及娱乐的体验。消费体验不再是传统消费模式下无关紧要的一个过程，而是一个能产生价值的问题。从企业角度来说，管理好客户的消费体验成为一种营销模式，也就是体验营销。

体验营销研究专家伯恩德·施密特（Bernd H. Schmitt）在《体验营销》中指出，体验是当一个人达到情绪、体力、智力甚至精神的某一特定水平时，在他意识中所产生的美好感觉。体验营销（Experiential Marketing）是企业以商品为道具，以服务为舞台，围绕顾客创造出值得回忆的活动。它是站在消费者感官、情感、思考、行动和关联五个方面，重新定义和设计营销。随着体验经济时代的到来，消费者在消费产品和服务时，已经不仅仅停留在产品和服务的本身，而是更加关注其感官体验和思维认同的过程，体验营销在企业营销活动中扮演日益重要的角色。根据研究，体验营销具有如下特点：

（一）时刻关注顾客的体验

体验是体验营销组合中最基本的要素。体验营销关注顾客的所有消费行为以及他们在消费前、消费中、消费后的体验，它自始至终把为顾客提供难以忘怀的愉悦的体验作为主要目标，以此促进企业达到增加产品销售量的目的。

（二）围绕体验设计、制造和销售产品

企业产品、包装以及品牌吉祥物的设计都要以体验为导向，吸引消费者的目光，让顾客产生愉悦的感觉。企业要创造感官、情感、思考、行动及关联体验的品牌体验形象，例如产品名称、商标与视觉标志系统等。

（三）搭建体验平台，设计消费情境

体验平台是联系客户体验和公司品牌实现的桥梁，也是公司提供给客户价

值，和客户进行有效沟通的价值点。体验平台包括实景平台、电子平台等。情境就是企业为顾客创建的“表演舞台”，是体验产生的外部环境。体验要有主题，要为顾客设定一系列的表演程序，使顾客真正浸入到企业所设计的事件中。

（四）重视沟通

体验营销强调与客户的沟通，从客户的心理需求出发，关注客户的体验，使顾客的心理需求得到充分满足。有效确认目标市场是分析客户体验世界的起点。不同的目标市场具有不同的体验世界，对不同的体验措施的

反映也不相同。广告、公司外部与内部沟通以及品牌化的公共关系活动，都是沟通的渠道。通过网站、电子媒体的互动能力，提供沟通、娱乐、互动、交易体验的信息平台，而不是进行简单的信息公告。

（五）人员是体验营销组合的关键

人是一个非常有力的体验媒介，主要包括销售人员、公司代表、顾客服务提供者，以及任何与公司或是产品联结的人（如广告代言人）。

二、金融业的战略体验模块

伯恩德·施密特（Bernd H. Schmitt）从心理学的角度对消费体验进行分类，提出五项体验模块：感官体验、情感体验、思考体验、行动体验和关联体验。感官体验就是客户通过视觉、听觉、嗅觉、味觉和触觉等感觉刺激所感受到的愉快、兴奋、美感及满意。情感体验就是通过体验媒介为公司和品牌附加上一定的情感，使顾客在消费体验中产生情感。思考体验通过创造惊奇感、吸引力及刺激而产生，以吸引消费者注意、引发好奇心及激发刺激感。行动体验就是为顾客创造各种各样的体验机会，包括身体体验、长期行为模式体验、生活方式体验以及与人互动的体验等等。关联体验与文化价值、社会角色及群体归属有关，通过创造消费者想要参与的文化或社群，为消费者建立一个独特的社会识别。

下面以此五个模块分析金融业的客户体验：

（一）感官

金融企业的视觉标识是唤起顾客联想和反映的重要因素。品牌形象通过特定的标识要素表现出来，如企业的形象、产品、产品展示和产品发布等。金融企业给人印象深刻的是其办公大楼，而与顾客接触最多的地方是营业厅。营业场所给客户的感官体验直接影响顾客对金融企业的印象和信任。营业人员着装、风貌、语言、提供的服务都给予顾客最直接的感官体验。金融业不仅要考虑自身的形象，而且要从客户的角度出发研究客户希望看到什么形象的营业人员。为了管理好感官体验，金融营销人员需要在市场上实现自身和产品的差异化，设计自身的风格，给消费者留下良好印象，激励消费者并为其带来价值。

（二）情感

寻找良好感觉，避免坏印象是人们生活的一个核心原则。金融服务大部分都是面对面提供的，面对面的互动交流可以激发强烈的情感。事实上，一些最强烈的情绪都是在接受服务时体验的。为此，金融机构营业场所的设置和业务处理要充分考虑到客户的便利性；要让客户感觉舒适自然而不是冷漠隔离；要为客户提供私密的对话空间以增加客户的安全感和信任感；要与客户进行互动交流，从细节处关心和重视客户的需求。

（三）思考

对金融产品和服务来说，没有什么比激发人们对未来前景的思考更为重要的了，如因为投资成功而带来的休闲富裕生活和子女的良好教育，购买养老产品而带来的安康的晚年生活等等。一个好的金融产品必须激发客户的思考，让客户实现从感性到理性的认知，从而刺激客户的心灵体验。激发客户进行思考的重要原则是出乎意料、激发兴趣。

（四）行动

行动体验超出了感觉、情感和认知的范围，顾客通过其行为或生活方式来展示他们的自我认识和价值观。金融产品可以用金融界的成功人士，如巴菲特等榜样式人物的行为和生活方式来激励顾客的联想和自我认识。通过富有创意的广告让顾客体验另一种令人向往的生活方式也是行动营销的方法。保险推销员的互动技巧也直接影响保险消费者的互动体验。

（五）关联

关联营销最重要的是选择合适的参照群体以便能为顾客创造一种与众不同的社会地位，使其乐意成为这一群体或文化的一部分。金融产品的关联营销可以让客户对自己的社会地位产生一种认同感和归属感。

三、我国金融业的体验营销对策

我国金融业发展落后，金融企业的营销更加落后。近年来，我国金融企业开始意识到营销的重要性。但与国外同行相比，差距还很大。学习先进的体验营销理念，加强客户体验营销管理有利于提高我国金融机构的竞争实力，有利于提升我国金融服务业的整体水平。

（一）提升金融服务人员素质，让顾客得到美好印象

金融产品具有极强的同质性，而金融机构所提供的服务能否得到客户的满意，很大程度上取决于包括企业文化、品牌、服务等软因素提供给客户的体验，最直接则取决于服务人员的素质。我国金融业普遍存在营业人员服务态度差、保险推销人员强行推销等问题。银行柜台人员和保险推销员直接和客户接触，如何让顾客得到美好印象，他们的态度至关重要。商业银行和保险公司应该从根本上改变营销思路，重视客户的体验需求，真正站在客户的立场上考虑问题，给客户提供最需要、最优质、最贴心的体验。

（二）细分目标市场，满足个性化需求

不同客户的体验需求不同。金融企业应该细分目标市场，详细了解目标客户的职业、教育水平、收入、年龄、喜好、过往的体验等特征，分析其对金融服务的体验需求，为产品开发和营销奠定良好的基础。金融业客户的需求是多方面的，但资金安全、贴心的服务、充分的信任、信息的保密等是最基本的。仔细研究、记录每一个客户的特点和个性化需求，提供不同的个性化服务平台，有利于客户获得愉悦的感受，培养品牌忠诚度。对于在贵宾理财室里接受服务的高端客户，银行人员在给他们提供服务时，一定要事先了解他们的一些个人嗜好，比如是喜欢喝茶还是喝咖啡，喝红茶还是绿茶等。细节的体验往往决定他们最终的业务选择。

要细分目标市场，必须建立有效的客户关系数据库。该数据库能够真实反映客户所处的社会地位、个人的基本情况、真实的兴趣爱好、与客户相关的重要事件和人物、客户所关心和关注的问题、客户过去与银行接触

的实际体验等。

（三）搭建体验平台，满足客户的体验需求

客户体验平台包括实景平台、电子平台和公众平台等。实景平台是指以现有金融企业营业厅为基础的传统交易场所。金融机构应该分析不同客户群的体验需求，对营业场所进行分区管理。对于喜欢新鲜、刺激的客户，可以自助服务区来满足他们追求自我价值实现、避免他人干扰的心理体验需求；对于身份、地位高的客户，可以设立相对私密、舒适的空间，通过一对一的金融服务来满足他们追求尊贵身份的心理体验需求。营业场所进行功能分区，可以使不同的客户找到自己的体验归属。

随着科技的发展，各种各样的电子服务平台不断出现，金融机构要充分考虑客户的体验需求，将客户体验融入电子平台中去。让电子平台成为金融业与客户进行互动交流、满足体验需求的平台，而不是简单的信息发布平台。

除了利用自身的营业场所和电子平台进行客户体验营销外，还必须充分利用公众平台，如平面广告、广播广告、影视广告、现场活动等多种形式为客户提供体验的机会。

（四）树立品牌观念，打造我国金融服务业名牌

品牌是一个集合概念，它融合了产品质量、服务、企业形象等诸多内容，品牌能够提升产品的价值，扩大市场需求，增加企业利润。从体验营销的角度，品牌能让客户产生认同感和归属感，激发人的联想。消费者购买优质可靠的品牌产品，可使其感受到相应的身份、地位、荣誉和自信，从而获得心理上的某种满足与体验，提升消费者的效用。

金融业应该树立品牌观念，打造名牌产品和名牌企业，以确保企业的可持续发展。要推出有号召力的品牌产品，吸引客户的注意力，并有针对性的进行品牌和核心产品的市场营销。

（五）运用各种手段，保持客户的忠诚度

要不断实现企业价值，就必须保持客户的持续需求。为此，金融企业要不断开拓创新，推出新的服务和产品，提高顾客体验水平；要加快技术

平台的更新，增加客户的体验机会和满意度；要加强对员工的培训，强化体验营销理念。

参考文献

1. 贝恩特·斯密朗．体验营销——如何增强公司及品牌的亲和力［M］．北京：清华大学出版社，2004.

2. 贝恩特·斯密朗．客户体验营销管理：实施体验经济的工具［M］．北京：机械工业出版社，2004.

3. 冯林燕．我国体验营销的现状、问题及对策研究［J］．市场周刊．2004（3）.

4. 晏国祥．消费体验理论评述［J］．财贸研究．2006（6）.

5. 赵静．体验经济下的品牌营销［J］．社科纵横．2007（3）.

6. 司传煜．体验营销：品牌塑造新思路［J］．合作经济与科技．2011（2）.

对完善新农村建设培训问题的思考*

龙 菊

[摘要] 本文针对新农村建设培训工作中存在的问题，提出了培训组织体系的完善、培训内容与培训方式的完善、培训监管机制的完善等措施。

[关键词] 新农村 培训 完善

对农民尤其是中青年农民的培训是社会主义新农村建设的重要内容。近年来，各级政府已投入了大量的财力、人力，2009 年，仅中央财政用于支持农村教育、医疗卫生、社会保障、文化等方面的预算支出即达 2693.2 亿元。在各方参与主体的共同努力下，新农村培训取得了引人瞩目的成就，受益农民数以亿计。但是，由于多方面的原因，该项工作仍然存在很多问题，急需在以下几个方面予以完善。

1. 培训组织体系的完善。科学的组织体系是培训质量的前提保证。目前，我国新农村培训主要由各地的劳动与社会保障部门负责，委托当地的成人职业技术学校或其他社会办学机构进行。相对于农民这一庞大群体多层次的知识需求来说，组织机构比较单一。因此，有必要整合各类可供利用的培训资源，组成一个能满足不同培训需要、各具特色的新农村培训体系。一是以普通高校、高等职业技术学校为主的机构。充分利用其人才、教育设施等方面的优势，针对已经进城的农民工开展一些专业技术工种的培训，提高其对所在岗位的适应能力或转岗再就业能力；二是成人职业技术学校或在某一方面有一定基础的社会办学机构。在对其办学资格与培训能力进行严格评定的基础上，通过适当的投入，提升其硬件设施的档次，

* 本文为教育部人文社会科学研究规划基金项目“我国新农村建设中支农资金的配置效率研究”的阶段性成果之一，项目批准号：11YJA790097

针对刚刚进城的农民开展一些与城市生活有关的如交通规则、法律法规、求职就业等有关的知识培训；三是基层农业技术推广中心、农业广播学校等机构。充分利用广播、电视、互联网等远程教育渠道，或深入农村开展现场教学，以在农村从事农业生产的农民为培训对象，把农民需要的新技术、新品种、新信息及时转化为农民看得见、学得会、通俗易懂、生动形象的教学资源，提高农民科学种养水平和生产经营能力。

2. 培训内容与培训方式的完善。长期以来，受二元经济结构的制约，我国农村教育基础薄弱。再加上教育产业化后，伴随着高昂的大学学费以及毕业后工作没有保障的现实，农村籍学生在求职就业方面不可避免地处于劣势。新的读书无用论广泛蔓延，许多农村孩子高中甚至初中没有毕业即加入了打工者的队伍，导致农村劳动力素质低下，也加大了新农村培训的难度。要使这项耗资巨大的工程达到预期效果，充实、完善培训内容至关重要。一是根据农村、农业、农民生产、生活需要以及农村劳动力向城镇转移、外出打工的需要，筛选实用对路的种植业知识、养殖业知识、手工业知识、农机与农药的使用知识、农业综合开发知识，地理交通知识、建筑安全常识、素质礼仪知识等，使参加培训的农民真正有所收获；二是条件成熟时，由各省或全国性的某一机构出面，组织专门的新农村培训系列教材开发小组，制定开发标准，编制出版一些针对农民或农民工特点的教材与教学课件，确保教材或课件新颖、直观，易于理解且具有较强的可操作性；三是提高培训师资的质量。目前，许多地方的涉农培训机构师资质量堪忧，有些只具备初中、高中文化程度，还有一些是临时拉过来的，既缺乏教师的资质与能力，也缺乏相应的专业知识，根本不可能保证培训效果。因此，有必要按照一定的标准对现有的培训师资进行全面考核，对不合格者根据情况或学习深造或解除聘用合同，同时规范培训机构对编外教师的聘用程序，保证其真正承担起提高农民素质教育和技能教育水平的责任。在培训方式上，要以就业为导向，围绕市场需求，开展与农民接受水平相适应且能提高其择业竞争能力的培训。加强与大企业、大公司的联系，开展针对性强、就业岗位有保障的定向培训、订单式培训。围绕农业现代化、产业化开展农村科技培训、创业培训，提高返乡农民从事农业生产经营的技能与自主创业的能力。对青年农民开展劳动预备制培训，适当延长培训期限，使其至少掌握一项职业技能，提高其就业适应能力。

3. 培训监管机制的完善。目前，新农村培训的主要出资人是中央与地方财政，按规定，每培训1人，培训机构可得到500～800元的补助。应该说这个标准与管理部门要求的培训目标和培训机构为此付出的人力、设施相比还是大体相当的。但是，由于缺乏科学、严密的市场准入评价机制以及相应的监督约束机制，新农村培训机构的资质认可、培训开班计划的审批、开班后的督查、培训资金的审核拨付等权力均集中在少数人手中，一旦管理失控，难免降低效率并为腐败的产生留下空间。为追求利润最大化，有的地方大作表面文章，把有限的培训资金进行“点”的规划，用来迎接或应付上级的检查、验收，使新农村培训流于形式；有的地方克扣培训经费，缩减课时，既不提供培训教材也不提供合格师资，随意拉些人来走走过场。上课时学员聊天、打牌、抽烟，教师不管不顾，培训结束进行考试时，答案抄在黑板上，合格率几近100%，但被培训农民却感觉到没有任何收获。按政策要求，为确保培训质量，受训农民必须登记身份证、联系电话，并且签字或盖章，同时要求短训班的培训时间为15天至3个月。但是，劳动与社会保障部门既是培训工作的执行者，也是培训工作的监管者，制度寻租空间巨大。近年来许多地方都爆出了新农村培训领域的腐败案件，甚至有不法机构与当地的劳动与社会保障部门勾结，取得培训资格后用赠送塑料盆、手巾的方式来搜集农民的身份证、联系电话，冒领大笔培训经费的情况，产生了极坏的社会影响。显然，完善新农村培训监管机制迫在眉睫。首先，严格堵塞各项漏洞。按照既定标准，核查现有培训机构的资格，取缔一批不合格或有不良记录的培训机构，净化培训市场。要求各培训机构认真制订并落实培训计划，从培训时间、地点到培训内容、师资以及培训对象、效果等，必须清楚、明了，实实在在；其次，在培训资金的支付上，根据培训项目区别对待。如果是农村科技培训、创业培训、素质培训等，则在乡镇政府协助组织、监督下进行，按计划完成培训后获得拨款，并实行公示制度、台账管理制度。如果是以农民工转移为目的的技能培训，则实行严格的订单制度。培训机构必须先与用人单位签订培训就业订单，经县级“阳光工程”主管部门审核属实后方可开展培训。对准予参加的农民工可采取提前发放培训券的方式，并赋予其自主选择培训机构的权利。培训结束后，培训机构从受训者处取得培训券并学员登记表，按规定程序获得拨款。为避免培训券被低价转让或有偿收购，可考虑实行村委会担保或村民联保的形式；再次，成立专门的新农村培训督察机构。为保证该机构的权威性，最好由省级或以上部门出面设立。一方面搜集新农村培训的第一手信息，为政府决策提供服务，确保和巩固培训效果。另一方面开展多种形式的检查、监督活动，除了明察，更需要暗访。明察固然重要，但容易给一些不规范的参与主体提供弄虚作假的机会，而暗访反倒有利于掌握真实的情况。一经发现问题，绝不姑息迁就，除了按法律法规进行处罚外，还应该通过舆论宣传形成强大的外部震慑力。完善信访举报制度，借助于群众监督防止各种随意行为或违法犯罪行为的发生。确保新农村培训这一包含无数纳税人心血的惠民工程真正成为提高农民主化素质、缩小城乡差距的有效举措。

参考文献

1. 李哲，李理. 政府农村公共项目投资决策失范的诱因研究. 经济问题. 2009，(3).

2. 佚名. 为“三农”发展提供强有力的财政支持. 经济日报，2009，(5.5).

3. 蔡昉. 中国人口与劳动问题报告 No9. 北京：社会科学文献出版社，2008.

4. 崔传义. 进入新阶段的农村劳动力转移. 中国农村经济. 2007，(06).

5. 王海滨. 新农村建设应着力于农民增收. 经济学家，2007，(4).

我国事业单位职业年金制度改革探析

雒庆举　贾小慧

社会保障制度的建立之初是作为国企改革的配套措施，1984 年以来，以企业与机关事业单位工资制度改革为起点，城镇职工养老保险制度迅速发展，从现收现付到统账结合，其制度发展的社会化程度，制度系统稳定性已经得到大部分人的认可，并为分担经济发展、促进社会稳定起了不可替代的作用。时至今日，城镇职工养老保险已经成为市场经济的重要组成部分，但事业单位自与企业退休制度分离后，不但未采用企业的退休模式，反而加大了与在职人员关联度更大的退休制度，事业单位养老保险制度几经改革未发生质的改变，改革进程仍相对滞后。两种退休制度并存，造成企业与事业单位间形成悬殊的待遇差距。事业单位养老保险制度改革也成为社会各界关注的焦点之一。

一、事业单位职业年金制度建立的重要性

职业年金是用人单位在参加国家基本养老保险的基础上，为进一步提高职工退休后的生活水平，在国家政策指导和监督下实施的一种具有一定程度互济性和强制性的社会保险项目，是基本养老保险的补充和辅助。职业年金在我国是指公职人员的补充养老保险（目前主要为事业单位人员），在国外它简称企业补充养老保险，基本上包含了我国目前企业年金和职业年金两部分的内容。

2009 年 1 月 28 日，国务院《事业单位养老保险制度改革方案》正式发布。据国务院要求，山西、上海、浙江、广东、重庆五省市将进行试点，其主要内容包括：养老保险费用由单位和个人共同负担，退休待遇与缴费相联系，基金逐步实行省级统筹，建立职业年金制度，实行社会化管理服务等。

（一）职业年金是提高公共部门工作效率的重要手段

职业年金具有实现社会养老和事业单位发展的双重功效。职业年金是单位在自主基础上建立的一种新型的激励机制，它与单位工作人员的工龄、岗位有关，有利于密切与本单位工作人员的关系，降低离职率，鼓励竞争，追求效率，形成双向激励，形成要提高养老待遇就要在职努力工作的良性循环。

（二）职业年金制度有利于吸引和留住人才

由于职业年金在选择和设计上的灵活性，使得单位能够利用差别化的设计实施有效激励，对不同服务年限、级别、岗位及贡献的工作人员提供不同的保障计划，能够激励他们的长期行为并在一定程度上能起到避免人才流失的作用。作为激励机制的一部分，职业年金分配方案呈多样化、差别化特征，与效率工资制度结合使用，强调效率与贡献准则，鼓励职工爱岗敬业，在单位长期工作，实现人力资源的最佳配置，为社会组织的可持续发展提供根本保障。

（三）职业年金制度有利于提高单位的凝聚力和竞争

福利水平越高的单位，越具有吸引人才的能力，也越具有感召精神，从而形成一种无形的组织文化。职业年金与单位工资收入分配和人事管理相结合，增强工作人员的凝聚力和向心力，使单位富有文化、富有前途、富有效率，使工作人员富有成就感。职业年金计划对工作人员可起到报酬替代、福利、风险投资和养老保障的多种作用。

（四）职业年金的税收优惠政策可以降低企业的福利成本

目前国际上普遍流行的对职业年金的征税模式是 EET（E 代表 Exempt，即免税；T 代表 Tax，即征税），即在税收的三个环节中，允许企业和单位与其员工从应税所得中扣除养老金缴费额，并减免养老金投资收益所得税，只对退休员工领取养老金时征收个人所得税。这样企业就享受到了政府的税收优惠政策，合理降低了福利成本。

（五）职业年金可以有效地解决基本养老金计发标准的差额问题

在建立社会基本养老保险一体化过程中，如果以现行企业职工基本养老保险为标准统一全社会的养老保险计发标准，那么新制度实施后的事业单位领取基本养老金的数额要低于以前离、退休制度规定的标准，如果维持事业单位现有的养老金标准而大幅度提高企业养老金的标准，也会给养老保险基金带来很大压力。如果把养老保险分为基本养老保险和职业年金（企业年金），可以参照现行企业基本养老保险待遇确定事业单位基本养老保险待遇标准，同时通过职业年金体现事业单位补充养老保险的特点和差别。当然，事业单位和企业在职业年金（企业年金）的平均待遇标准也不能有明显的差别，可以对于事业单位的“老人”和“中人”“新人”进行区别对待，对于已经退休的“老人”，可以通过职业年金的方式，这样做有利于维持现有较高的退休金水平，而对于尚未退休的“中人”和“新人”则执行与企业年金大体对应的补充养老金待遇。这样，既能体现企事业单位养老保险待遇的公平，有利于各类人员在不同职业间的正常合理流动，也不损害公职人员的既得利益，便于推行。

二、我国职业年金的现状和存在的问题

（一）我国职业年金的现状

在我国，随着企业实行城镇职工基本养老保险制度后，事业单位养老保险制度的改革也在加速推进，也需要建立包括职业年金在内的多层次、多支柱的养老保险体系，并一步到位地实行全国统筹。建立事业单位职业年金制度，也被提到了议事日程上来。

根据事业单位改革方向，短期目标是将现有的事业单位分为两大类，分别实行不同的养老保险制度。其中，自收自支、已经或准备转制为企业或民办组织的原事业单位，参加城镇职工基本养老保险制度，并按国办发[1999] 18号文件以及劳动保障部《关于国家经贸委管理的10个国家局所属科研机构转制后有关养老保险问题的通知》，做好衔接过渡。为保证养老保险制度改革后员工的待遇平衡过渡、不致明显下降，鼓励单位根据

自身经济能力自愿建立职业年金计划，并鼓励员工个人参加商业养老保险或进行个人储蓄性养老保险。而由国家全额拨款，继续承担公共服务的公益性事业单位，宜参照公务员待遇，与国家机关实行统一的机关事业单位养老保险制度。其基本制度也应与企业职工养老保险制度接轨，以便人才的合理流动。

中远期目标，是在事业单位实行强制性由两大支柱构成的养老保障体系，即基本养老保险和强制性的职业年金计划。第一支柱为社会基本养老保险。其制度模式、基本结构、计发办法、替代率水平、调整机制等均与城镇职工基本养老保险制度保持一致。第二支柱为法定职业年金计划。计划强制实施，符合条件的单位必须参加。计划按 20%的设计替代率水平，计算单位和个人应缴纳的费用，由国家财政（或单位）与个人共同缴费。

虽然2009年国务院发布的《事业单位养老保险制度改革方案》中已明确提出在试点地区建立职业年金制度，但是由于职业年金的建立涉及面太广，改革难度大，所以造成到目前为止 5 个试点地区均未真正建立职业年金制度，职业年金制度仍处于制度初探阶段。

（二）我国职业年金存在的问题

1. 职业年金的运行机制不规范。职业年金是由企业和单位及其员工缴费，交由受托人选择的专业机构进行投资运营、基金托管、账户管理，实行市场化运营。因而职业年金的运行，应涉及企业和单位本身的缴费以及职业年金基金的运营两个部分。但由于当前对作为缴费主体的企业和单位本身，缺乏职业年金基金会计的理论指导，导致企业和单位进行会计处理时往往无章可循，职业年金的列支渠道不统一以及职业年金提取比例不统一，在列支渠道上有从成本费用中列支的，也有在应付福利费中列支的。而职业年金的基金运营，也是五花八门，有待规范统一。

2. 地区和行业分布失衡。从地区看，我国职业年金发展主要集中在经济发达的东南沿海一带，参保企业和单位、参保人数以及基金积累数量都比较大，职业年金发展相对成熟。从行业看，职业年金的发展主要集中在以电力、电信、石化等行业部门为代表的国有大型企业以及公积金管理中心等事业单位。

3. 职业年金基金运营限制较多。当前我国职业年金基金投资渠道狭窄，运营状况不佳，增值压力大。由于国内资本市场的不完善，国家对职业年金的定位模糊，界限不清，导致我国职业年金基金的投资渠道被严格限制，无法像社保基金一样，进入资本市场；我国目前职业年金的投资，主要是银行存款和国债，投资效率低，难以满足职业年金的增值需求，严重制约了职业年金制度的发展。

4. 相关支持政策缺失，立法不足。在政策方面，到目前为止，我国现行税法中只有关于社会保险的一些税收优惠政策，关于职业年金税收优惠制度的唯一政策依据，只有2000年国务院颁布的《关于完善城镇社会保障体系的试点方案》中关于职业年金缴费可以在其工资总额4%以内作为成本在税前列支的规定，但对基金运营中的税收政策和个人参加职业年金缴费税收的政策则没有具体规定。此外，当前我国在与职业年金相关的具体立法方面还是空白，导致了我国目前职业年金的运行机制不规范，职业年金运行无法可依。

三、完善我国职业年金制度的对策

（一）制定科学、合理的税收优惠政策

应通过制定《税收法》，明确各种税收优惠办法，大力倡导发展职业年金。对于政府来说，需要在刺激职业年金发展和减少财政损失之间寻求平衡点。一般来说政府对职业年金进行征税，主要在以下三个环节进行：(1) 缴费环节——用人单位和个人向年金计划缴费；(2) 投资收益环节——年金计划取得投资收益；(3) 领取环节——退休职工从年金计划中领取养老金。职业年金的税收优惠模式可以按照征收环节的不同进行分类。如果借助字母E（exempt，即免税）和T（tax，即征税）表示政府在上述环节的征收情况，职业年金的税收政策主要有以下几种类型：EET模式，即年金的缴费和投资收益免税，但待遇发放时需要征税。ETT模式，即年金的缴费免税，但投资收益和待遇发放需要纳税。TEE模式，即年金的缴费需要纳税，而投资收益和待遇发放免税。TTE模式，即年金缴费和投资收益均需要纳税，待遇发放时免税。从我国情况考虑，应向公共部门和私营部门统一采用EET征税模式，诱导用人单位与职工积极举办参加职业年

金，同时规定享受税收优惠的限额。

（二）大力推行“设定缴存型企业年金”

结合我国国情，应规定“设定缴存型企业年金”我国职业年金制度的主选方式。这主要出于以下几个方面的考虑：首先，规定缴存型职业年金计划实施较容易，会计处理也比较简单，而且员工可以明确知道自己养老金的积累情况，这比较符合我国当前企业会计实际情况的需要；其次，规定缴存型职业年金计划对劳动力流动的阻碍较小，有利于人才的合理流动，能够适应我国当前劳动力市场的客观情况；此外，实施规定缴存型职业年金计划有利于减少成本、规避风险，这对于我国当前的企业和单位而言，无疑是十分重要的。

（三）规范职业年金的会计核算

当前，我国的职业年金会计制度尚处于探索阶段，还缺乏对职业主体的职业年金会计的规范，因此必须结合我国的具体情况，借鉴国外有关职业年金会计的理论架构，加强对这一领域的研究，逐步构建职业年金会计体系，规范职业年金会计的核算。

（四）选择市场化取向的职业年金基金管理方式

按基金管理方式分类，职年金计划一般可分为行业自主管理的自我管理型年金计划和向金融机构、保险司投保型年金计划两种类型。自我管理型年金计划基本上是由企业、企业集团行业单位自行建立与操作。大型企业或企业集团趋于采取这种方式，以更好地节约成本，控制、使用资金。投保型年金计划是指企业雇主根据已设计的职员年方案，将筹资的养老金通过延缓支付或储蓄方式全部投资于被选中的金融机构、保险公司，依靠金融机构、保险公司的市场运作来进一步获得回报率，以实该企业目标年金水平的企业年金计划。应逐步将自我管理的年金计划转向市场的专业运营模式。

（五）建立与完善专业化与规范化的经营管理制度

在国外，职业年金的管形式多种多样，但比较普遍的是职业年金基金会形式。职业年金基金会采取由家企业或多家企业联合组建，独立运作的模式。基金会的独立性能够避免发起业对企业年金基金的管理运作进行干预。同时在有多个企业或一个行业、一个区联合组建时能够有效降低管理成本，具有明显的优越型，也是当今职业年金基金会普遍存在的最主要原因。建议在我国考虑建立独立的职业年金基金会，承担起管理企业年金的职责。

（六）拓展职业年金基金的投资渠道

随着我国资本市场的迅速发展，机构投资者数量在不断增加，市场投资工具也在逐步完善，为职业年金基金进入资本市场创造了条件。虽然，基金的有效使用和增值一项重要的工作，但职业年金和基本养老保险一样是老百姓的“养命钱”，防风险是基金运作首先要考虑的问题，也是高于一切和至关重要的问题，《企业基金管理办法》已明确可以进行投资运营，实现保值增值，为职业年金进入资本市场已有了合法身份，建议我们应在有效监督下，合理合法运用各种投资工具，逐步加大对资本市场的投资比例，规避企业年金进入资本市场的投资风险，使基金稳步增值。

（七）加强职业年金监管机制建设

要保证年金的正常运营，必须对这些管理机构进行有效监管。由于受经济发展水平不高、金融体制欠完善、资本市场和各类中介组织欠发达、基金管理机构数量较少且资产管理规模不大、相关法律不够健全等因素制约，现阶段我国适合采取对专业投资机构严格限量监管的模式和条件限制。通过立法对拟从事年金经营的专业投资机构实行严格的资格标准要求；对基金投资工具及比例作严格的限制性规定；设立年金专业投资机构的风险准备金制度等方式，促进职业年金市场的形成和健康发展。

（八）完善职业年金制度的政策环境

一方面，应加大职业年金的宣传力度，完善职业年金缴纳制度，激励企业和单位及其员工对职业年金的需求。另一方面，政府需尽快完善专门的法律、法规，对职业年金的性质、市场准入与退出制度、资金来源、基金运营方式等问题做出明确规定，为职业年金的发展提供良好的法律环境和制度保证，也为监管机制的建立和完善奠定基础，使监督和管理能够有法可依。

参考文献

1. 綦婧孜．事业单位养老保险制度改革探析．财税金融．2010.

2. 支晓晴，吴忠，张鹏，张继民．职业年金建立的必要性和可行性研究．劳动保障世界．2010. 9．

3. 马永林．我国职业年金制度存在的问题及对策．延边大学学报．2009. 12.

4. 李雅琳，毕睿琦，徐卫琼．关于事业单位养老保险制度改革的探讨．法律与社会.

5. 事业单位养老保险改革5试点省市启动缓慢．中国经济周刊． 2009. 10.

6. 朱劲松．机关事业单位养老保险改革的构想改革．探索．2008. 1.

7. 章泓．关于实施职业年金问题的思考．劳动保障世界．2010. 12.

关于金融监管案例教学的一些体会*

祁敬宇

案例教学作为一种特殊的学术门类和研究方向，案例教学在为学生提供了解和掌握金融监管的理论等方面具有得天独厚的优势，它已在金融监管的理论和实务教学、研究工作中得到越来越多的重视和应用。案例研究的在于从复杂多变的经济金融现象中寻找“典型事实”并进行深度分析、剖析和解析。在当前全球金融危机冲击背景下，金融监管方面的案例对于教学更多有积极意义。

本文结合笔者在金融监管案例方面的教学实践，谈点个人的体会和认识。

一、金融监管是一门实践性很强的学科

金融学属应用经济学范畴，金融监管更是一门实践性很强的学科。然而，当前我国财经高校中金融课程的教学方法多数仍沿用教师讲授、学生练习、答题考试等传统教学方法，所练习的内容也枯燥无味，显然，这是无法调动学习的积极性，也无益于提高学生分析问题、解决问题的能力的。

“案例型”教学方法是一种具有故事性、启发性、拓展性、互动性和思想性等特点的新型教学方法，相对传统教学而言，它具有有效结合实际问题的感性认识而得到了学生的欢迎和认可。金融监管案例的划分有各种方法，从国内外情况分有国内案例和国外案例；从教学环节划分一般有课前案例、课中案例和课后案例等形式；从行业划分，有银行案例、证券案例和保险案例；从案例的效果看有正面案例和反面案例，等等。视角不

---

* 本文基于“2010年首都经济贸易大学教务处教改课题”，经修改压缩而成。

同，效果也有所不同。但无论如何，这些案例的目的就是要在学生学习和掌握了一定的金融监管理论知识的基础上，通过老师讲解和学生练习案例，让学生把所学的理论知识同“实践活动”结合起来。

金融监管的案例是对金融监管相关的经营管理方式、管理哲学、管理文化及其有效性进行的系统综合研究。金融机构的管理不同于一般工商企业的管理，也与单个政策效应及运行机制的微观研究不同。金融机构是金融体系的基础，它的管理和运行既决定其自身的命运，也对系统的稳定性有重大影响。另外，案例研究的生命还同案例教学中的视野相关，换句话说，是能否高屋建瓴、准确把握当前金融运行中的关键因素。一方面，案例研究可以为决策提供更加符合现实依据；另一方面，理论和政策可以推动案例研究工作把握准确的方向。在案例研究发展过程中都应该有一个明确的目的，即案例教学的价值。这涉及案例教学研究的发展方向问题。作为应用性研究，金融监管案例研究的现实价值在于其思想是否有助于金融监管的改革与发展，这是金融监管案例研究的发展方向。

目前，在我国全日制高等财经类金融教学中碰到的困难不仅仅是学生金融知识欠缺的问题，更多的是由于学生没有实际工作经验和对金融实务的感性认识，因此，在学习金融类课程时，往往会感到枯燥而影响学习效果。案例型教学方法在注重理论教学环节的同时，更注重实验教学环节，通过这种教学方法，可以使学生具有模拟“实战”之体会，促使学生勤于思考、善于动手，调动学生学习的主观能动性，变学生被动学习的过程为积极思维、主动实践的过程，它在一定程度上也可培养和提高学生分析问题、解决问题的综合能力。

案例教学在为学生提供了解和掌握金融理论和实务等方面具有得天独厚的优势，并在教学、研究工作中得到越来越多的重视和应用。案例教学定位于理论、政策和实践的互动结合，并相得益彰，互相促进。在当前全球金融受到金融危机的冲击，这为案例教学提供了丰富的素材来源和深刻启示。

对传统金融监管教学方式进行改革，案例教学是一种必然选择。从金融监管案例教学实践来看，教学效果明显，它改变了传统的教学模式。传统教学方法一般重概念和理论，轻实践；重逻辑体系，轻方法策略；重教师传授，轻学生参与。由于学生所学知识和技能仅限于书本和笔记，因此当他们走上实际工作岗位时，难免就会出现困惑和迷茫。而案例教学变“教师为中心”的教学格局以“学生为中心”的学习格局，它重实践、重互动、重发挥。教师不再是单向的“传道、授业、解惑”，学生也从“听讲者”转变为“参与者”，从“理论的接受者”转变为“实践的创造者”，从而激发学生的创新精神和参与意识，培养学生的创新能力。因此，运用案例教学有利于提高学生的思维能力、应变能力和创新能力。通过案例教学，将理论与实践有机结合，不仅使学生加深了对基础理论知识的理解和认识，扩大了知识面，拓宽了思路，提高了分析问题和解决问题的能力。

在案例教学中，教师必须勤于思考、善于动脑，使教学体系、课程内容不断完善创新，平时必须广泛收集和积累案例素材、编写案例教材。在教学过程中要做到循循善诱，努力调动学生的学习积极性和主动性，并注重课程的配套建设，研究各个教学环节的有机衔接。可见，案例教学对教师提出了更高的要求。教师只有通过努力探索，不断创新才能适应形势的要求。

案例教学有助于提高学习兴趣，增进教学双方的互动。在枯燥乏味的课堂教学中增加案例，能起到很好的调剂作用，学生的学习兴趣变得浓厚起来。实践也证明，我们通过在教学中增加了一些相关案例后，感觉到学生的兴趣提高了，注意力集中了，课堂气氛也活跃了。案例教学能引导学生去思考相关的原理，真正把理论与实务紧密结合起来，使学生更好地掌握金融监管的专业知识并能学以致用。传统的教学方式是以教师为主体，表现为老师讲课，学生做笔记，考试背笔记，教学效果欠佳。而案例教学中学生分析、老师点评的方式使学生之间的交流增加，学生也更乐于在课后和老师探讨一些学业上的问题，教学效果明显提高。案例教学一方面促使学生不断进步，勤于思考、勤于实践；另一方面事实上也给老师提出了更高的要求，促使老师不断更新知识结构，加强自身学习和提高，形成“教学相长”的良好氛围。

二、案例研究是学术研究的重要工具

案例研究作为学术研究的重要工具由来已久，在自然科学和社会科学等领域都有运用。在自然科学中，最著名的是达尔文的生物进化论，达尔文在1859年出版的《物种起源》就是基于其在南美洲加拉帕戈斯群岛上对生物物种进行的各种个案观察。在此后的150多年中，各种学派、大量学者不断从地层化石、生物变异角度给予案例层面的证实或质疑。在社会科学领域，无论是著名的哈佛商学院案例教学，还是西点军校的战例研究，乃至英美基于判例的普通法体系，均着眼于从事实出发，建立某种带有规范性的认识世界、判断问题的思想框架。

近年来，随着经济学理论的逐步成熟，在经济学、管理学和金融学等社会科学领域案例研究也逐步成为一种新兴的研究方向和倾向。比如，因提出著名的“企业理论”而获得1991年诺贝尔经济学奖的罗纳德·科斯的一系列文章均立足于个案研究。著名制度经济学家、1994年诺贝尔经济学奖获得者道格拉斯·诺斯则专门对东西方国家的经济结构进行个案分析，某种程度上讲这些研究成果也是大量案例研究的汇总。与此同时，政策制定也来源于或得益于丰富的案例的实证分析。可见，案例研究为理论分析与政策的制定都提供了有益的借鉴。

当前在金融全球化和金融危机的背景下，金融监管的案例教学也伴随着金融监管这门课程的重要性而体现出来。金融监管案例教学在金融学中的定位和自身的发展正是基于这样一个背景和基础，金融监管案例教学对于学生认识金融监管问题，培养一定的思维方法和分析问题、解决问题的能力都具有积极的意义。

从理论来看，金融监管作为金融学研究领域的一个重要分支，代表了人类自身对金融相关知识、理论和金融运行的理性认识和思维，是金融专业重要的课程之一。它对于金融运行中的各种风险及其监管具有重要的启示，也是对金融运行的一种透视和分析。这种洞悉和透视对于当前金融学科的教学、科研、建设和发展具有重要的意义，同时，对于金融教学领域中的方法论、素质教育和能力思想的培养也具有重要的意义。从实践来看，在全球金融危机频繁发生的背景下，加强金融监管更有重要的实践意义。金融监管这门课程是一个与时俱进，不断更新内容的课程，它的教材必须能够与时代发展同步。然而，由于各种条件的限制，或是认识不足，或是师资不够，或是课时有限，或是教材限制等等，我们对金融监管这门课程还需要继续努力。

金融监管的研究内容是极为广泛的，它既包括理论经济学，又包括应用经济学，研究内容涉及经济学、管理学和法学等学科体系，在具体的内容上又涉及西方经济学、财政学、金融学、博弈论、系统论等基本理论知识。它不仅包括以货币政策为内核的宏观金融调控、金融监管、金融风险管理等内容，还包括各类金融机构的经营管理、资本流动和资本运营、金融业务创新（特别是各类金融衍生品）、人力资源管理等内容。金融监管是一个集金融理论与实务的课程体系，这个群组直接涉及货币、银行、管理、会计、审计、统计、国际金融、财政、贸易、汇率、人力资源、薪酬激励等具体的内容，构成了金融监管教学研究的体系，而能够把这些群组课程有机地联系起来是一件非常有意义的、富有理论和实践又值得探索的事情。

从金融监管课程的知识结构和知识体系等方面看，该课程至少具有以下两个特点：

其一，课程的内容丰富，课程的综合性和关联性强，理论与实践结合紧密。金融监管涉及银行、证券和保险，兼具宏观内容和微观内容，而且信息量大，覆盖面广，专业性很强。从研究内容看，该课程与其他学科联系紧密。在案例教学过程中，可能涉及诸如西方经济学、基础会计、国际贸易、货币银行学等课程的相关知识。所有这些都要求授课教师具有扎实的专业功底且知识全面。

其二，课程内容更新速度快。随着经济和金融全球化的趋势日益明显金融监管的理论和实践都在发生着日新月异的变化。金融监管课程所具有的上述特点就要求教师在实际教学过程中，必须紧密联系目前金融监管领域的现实问题，把握金融监管的发展趋势，提高学生分析问题、解决问题的能力，培养他们的专业素养和科研能力。

金融监管案例包含着丰富的实践知识，其中的成败以及经验、教训可供后人学习借鉴。当前，受全球金融危机之影响，我国金融事业的发展对高素质金融人才的需要更加突出。通过金融监管的学习研究，了解金融理论和业务发展演变过程，从中认识金融创新的动力和创新的方法，并主动调整金融学科的课程组合、内容更新和方向开拓，以满足经济金融发展的要求。金融监管学教学需要能够既有理论思考也有实践，二者相得益彰，金融监管的学科建设是培养复合型、实践型人才的需要。

“以学生为中心”是现代教育的基本理念。美国实用主义教育家约翰

·杜威说过，最好的教学方法就是牢牢记住学校教材和实际经验二者相互联系的必要性，使学生养成一种态度，习惯于寻找两方面的接触点和相互的联系。而课堂讨论与案例教学就是强调学生在掌握基础理论的同时进行自学与互学。换言之，要充分发挥学生的主体作用，通过运用自主学习、合作学习、研究性学习和探索性学习等开放式教学方式。案例教学无论是"从例到理"，还是"从理到例"，都强调学生的主体性、主动性和自主性的发挥，注重引导学生通过案例分析、推导，从而发现相关知识和理论，并从中发现前人研究总结的规律和方法，使学生能够运用理论知识很好地解决实际问题。

古人云："授之以鱼不如授之以渔。"德国哲学家笛卡儿也曾说过："最有价值的知识是关于方法的知识。"案例教学就是一种传授方法的教学方式，它是一种启发式、讨论式、互动式的教学形式，其主要特点是把现实中的问题带到课堂上，把教学的双方带到矛盾的冲突之中，把枯燥单调的理论章节，变成解决真实问题的公开讨论，把教师的单向教授变为师生之间的教学相长，把枯燥的理论变为求解现实经济金融问题的实践。

教师的讲授，不仅仅是提供问题的答案，而是告诉学生一个观察问题的视角，提供一个分析问题的方法，也是启发学生思维，挖掘学生智慧，营造课堂情境，激发学生创造力，鼓励学生创新的一个过程。这种教学方式，针对性、实用性、亲和力和感染力很强，充分调动了每一个学生的积极性和创造性，老师与学生之间可以相互学习，同学之间也可以相互学习。通过这种学习，力求把学生已有的理论素养、知识文化，转变成一种解决真实问题的素质能力。

金融教学的灵魂和目标应当是培养学生的创新精神和能力，案例教学在培养学生的创新能力方面有着不可替代的作用。当前，案例教学已成为金融类课程专业教学的重要组成部分，是培养创新型管理人才的有效途径，在教育教学中发挥着举足轻重的作用。金融监管案例教学旨在为学生创造一个模拟的仿真环境，使其在课堂上就能接触到实际问题和实际社会环境，从而学会在复杂的动态环境下利用所学理论创造性地解决实际问题。案例教学有助于学生快速牢固地掌握知识，提高学生综合素质。

案例教学从上世纪 20 年代以来一直是欧美国家比较流行的教学方法，在国内，近年来案例教学也已被越来越多的人所接受。但总体来说，目前国内金融监管类课程案例教学还处于一个起步和推广的阶段，相对于实践还有相当的滞后性，与培养高素质的金融监管人才的要求还有很大的差距。笔者认为，当前制约金融监管类课程案例教学质量提高的关键因素有如下几个：

1. 在案例教学法还没有得到相关教师的足够重视。案例教学是现代教育中一种不可替代的重要方法，然而现行金融监管类课程课程中真正实施案例教学并取得良好教学效果的并不多。究其原因，除了措施不力、案例选择不当及对案例教学方法不熟悉外，还有一个认识问题。许多教师早已习惯于传统教育的模式，满足于“一支粉笔、一本教材、一套教案、一份试题”的教学方法，不想尝试和承担案例教学的成本和风险，自然也不可能享受案例教学带来的乐趣和效果。案例教学对教师的知识结构、专业水平、教学方法提出了的更高要求，对传统的教学模式在某种程度上讲会产生一定程度的冲击。另一方面，要让学生适应案例教学的教学方式，很好地把握案例教学的过程和效果，还要求教师要在专业水平和教学艺术水平提高方面做出巨大的努力，付出很高的成本。

2. 教学过程重理论轻实务，重宏观轻微观，重传授轻参与。在一些高校的教学过程中，过分注重单门课程的开设，而忽视各门课程的整合和课程体系的完善；只重视课程中的数量分析，而忽视金融实践中特别重要的金融道德、人际关系、沟通技巧、企业文化、社会责任等从业能力和素质的培养。在案例教学中，学生参与环节也太少，很多案例教学往往局限于课堂教学环节，在社会调查、课程实习、学年论文和毕业实习等实践性教学环节中，很少体现出案例教学对学生能力的培养作用。

3. 案例库资源供应不足，质量欠缺。案例教学的效果，很大程度上受案例编写质量的影响。经过近几年的建设，目前国内案例资料在数量上已比较丰富，但相当部分案例是直接从国外“拿来”的，这些以国外企业为分析对象的案例不一定适应中国国情，毕竟在学生对国外经济法律制度、企业状况和文化背景不甚了解的情况下，其适用性必然受到限制。许多高校尽管重视案例教学，但是在案例的收集、整理与分析等方面也还滞后，有些甚至直接采用报纸、杂志甚至传记文学的内容，缺乏对案例内容的专业性审视和论证，自然难以作出专业化的分析和评价。因此，要加强金融教学案例库建设，建立健全案例库管理信息系统，建设适合国内教学需要的金融监管案例库是一种必然的选择。

案例教学是当前教学改革的趋势，但目前我国的案例教学存在一些不足。比如，将案例教学简单等同于举例，或者不经过案例设计，只是对案例进行陈述。案例教学需要案例的设计。只有经过案例设计才能真正达到案例教学的目的。案例教学应当是为了达到教学目标而对教学过程的各个要素——教学过程的参与者、教学目标、教学内容、教学方法、组织形式与实施手段等进行有效的整合。它是以案例为教材，让受教育者通过阅读、分析和思考以及相互间进行讨论和争辩，提高思维推理和处理问题能力的教学过程。案例教学由于来源于实践，因此，它具有高度的仿真性，富有能动性和创造性，是加强学生理论联系实际的有效教学方法之一，是将书本理论知识转化为现实工作能力的有效途径；它既是一种教学活动和教学方法，也是一种实践和体会。

此外，在案例教学中还需要充分利用多种教学手段，注重教学时空的开放性。与传统的教师满堂灌、学生被动听的教学方式相比，案例教学具有很大的信息量，具有时代同步性，它能充分实现师生双向交流、调动学生思维的积极性、主动性和创造性，可以达到理论与实践的适度结合。

案例教学的重点是以培养学生观察、分析和处理问题的应变能力为主，在案例教学的全过程中，教师通过组织学生开展研读案例，查找并分析背景资料、思考判断、讨论交流、总结反思等环节，训练、培养学生的逻辑思维和综合分析问题的能力，培养学生团队合作的精神、批判精神和其他人文精神，同时也要注意提高学生的口头表达能力和文字表达能力。相对于一般的课堂讲授，案例教学要求教师在知识的准备上、课堂的组织上、教学过程的控制上要花费更多的精力，因此，案例教学要达到较好的教学目的，必须进行周密的计划、准备和安排，以获得案例教学应有的效果。

从金融监管的知识结构和知识体系等方面看，该课程呈现出比较明显的特点，如课程内容丰富，课程的知识综合性和关联性强，课程的内容更新速度快，热点、重点问题多等。面对金融监管学的这些特点，需要在教学方法上注重培养学生分析问题和解决问题能力。要避免学生由于缺乏对于基本理论的完整接受和理解而导致的死记硬背和一知半解的学习方法，应当将基本理论讲得尽可能的清楚透彻，并多用案例进行具体分析，在课后习题练习与考试或考查中体现出对学生分析问题和解决问题能力的重视，从而提高课程的教学效果。

三、寓基础理论于案例讨论之中

《金融监管》课程内容庞杂，要达到寓基础理论于广泛而深入的讨论之中，以加深对理论的理解并能分析、解决实际问题，选择合适的案例是关键。很多案例教学的目的是从以往的事件中获得启示，避免重蹈覆辙。所选事件早已“尘埃落定”，所以教学的过程实际上是对事件的再展示，分析事件的来龙去脉，并从中吸取经验教训。由于案例教学是通过具体事件启发学生思考相关问题，这就要求所选案例要具有代表性，案例本身应具有可探讨的价值。

从教学实际看，如果没有专业知识的提高，单纯的案例也不行，二者必须兼备，否则，就失去了金融监管案例教学的魅力和真正意义。对教师而言，进行金融监管课程案例教学的教师必须有扎实的基本功及丰富的教学经验。首先，应该熟练掌握计算机及相关软件的操作，能够帮助学生及时解决实际问题，提高教学效果。其次，要建立起丰富的案例资源库，能根据教学内容设计出内容丰富、全面，难度适宜的教学案例资料；最后，要具备案例教学的经验，有效组织课堂教学活动，保证在课堂上各个环节衔接紧密、连贯，让学生感觉到如身临实际工作环境中的压力，发挥学生的主观能动性，进而提高教学效果。

学校方面，应建立金融教学实验室，最好要具有局域网，用于教学演示应用与练习，最好能备有各种教学软件。这样有利于学生通过多媒体网络教学系统，进行演示和学习，这样做一方面课堂教学的知识输出量增加，教学效果大大提高，另一方面学生不易疲劳，以新颖的视觉刺激学生大脑的兴奋点，可以提高教学效果。对学生进行课程实训的主要目的是为了提高其操作技能，提高职业能力。在案例教学中有两个环节需要重视：其一，案例的收集与准备。老师需在金融监管课程开课之前制定一个详细、周密的案例教学总计划，然后选用合适的案例。教师应根据教学内容、教学目的编制一定的案例。其二，案例的教学与运用。在上课时应尽可能在多媒体教室上课，要创造一个良好的课堂学习氛围，通过声音、文字、图像和老师的演示等多种信息要素在教学过程中对学生进行感官刺激，形象生动地说明某种软件的操作过程及方法，从实践中总结理论，对实务的全过程有一个完整的感性认识，以提高教学效率。

金融监管是一门理论性与实践性并重的课程。案例教学可以增强学生对金融监管理论的理解，提高学生兴趣，是一种行之有效的教学方式。在金融监管案例教学中，应遵循相关性、典型性和正面引导的原则合理筛选案例。同时，案例教学不能取代其他教学手段，在进行案例教学时，应注重多种教学的互相配合。案例的选择一定要考虑到案例与金融监管原理的相关性，案例不能脱离原理。案例一定要和所要教学的金融监管术语或基本原理紧密相关，这是案例教学的前提条件。在进行金融监管案例教学时，应该尽量体现案例的典型性和代表性。

在进行案例教学时，可能反面案例更容易收集一些，再加上反面案例比正面案例更能折射金融监管的原理，所以在教学实践时，往往容易出现举反面案例来进行讲解的倾向。这里需要注意，教学的过程也是育人的过程，在案例教学时不能一味依赖反面案例，需要对学生的人生观进行积极的引导，强调真、善、美，使学生树立对社会、对人生的信心。正面案例与反面案例要有机结合对学生进行正面引导，这是在金融监管案例教学中必须注意的。

强调案例教学，并不意味着放松理论教学，理论教学依然是高校教学中最基本的一项任务。理论教学的目的在于应用，用理论去解释实务中的案例；案例分析的基础也在于理论，不掌握理论就无法开展案例教学。可见，理论教学与案例教学应该是相辅相成的，理论教学是基础和前提，案例教学是目的和应用。因此，高校教师应该经常更新自己的知识结构，提高自己的理论素养，增强自己的科研能力，才能更好地进行理论教学。

多媒体教学具有信息量大、视觉冲击强等优点，目前在高校，大多数的课程都采用了多媒体教学这一手段。在进行金融监管案例教学时，要充分发挥多媒体教学的优势，通过播放视频、录音、与网页超链接等方式讲解案例，一方面加大了信息输出量，另一方面提高了学生学习主动性和积极性，效果显著。当然，多媒体课件的制作是一件耗时耗力的工程，这就要求老师必须熟练掌握多媒体课件制作的常用方法，要备课时不能贪图省力，尽量配合案例教学，把课件制作得更精美。目前，我们在金融监管方面已经开发和制作了较为完整的课程多媒体教学软件，并在实践中逐步完善和提高。

案例教学的重点是以培养学生观察、分析和处理问题的应变能力为主，在案例教学的全过程中，教师通过组织学生开展研读案例，查找并分析背景资料、思考判断、讨论交流、总结反思等环节，训练、培养学生的逻辑思维和综合分析问题的能力，培养学生的团队合作的精神及批判精神，并提高学生的口头表达能力和文字表达能力。相对于一般的课堂讲授，案例教学要求教师在知识的准备上、课堂的组织上、教学过程的控制上要花费更多的精力，因此，案例教学要达到较好的教学目的，必须进行周密的计划、准备和安排，否则只能使这种有效的教学方法流于形式，难以获得案例教学应有的效果。

案例教学还应当同开辟第二课堂相结合，尽可能走出教室、走出校园，让学生亲身体验实务，理论与实践相结合，增进学习效果。第二课堂给学生开辟了一个将课本知识与社会相联结的新天地，对于培养学生学以致用、理论与实际相结合的能力很有帮助。

从金融监管的知识结构和知识体系等方面看，该课程呈现出比较明显的特点，如课程内容丰富，课程的知识综合性和关联性强，课程的内容更新速度快，热点、重点问题多等。面对金融监管学的这些特点，需要在教学方法上注重培养学生分析问题和解决问题能力。金融监管的教学重点是提高学生利用基本理论和基本知识对具体问题进行分析和解决的能力。金融监管案例教学的设计要明确教学目的，这是组织案例教学的出发点与归宿，有了明确的目标，才能切实做好可行的课堂设计，通过一次案例教学，要达到的目的应当具体而明确，如掌握基本概念，熟悉一个分析问题或解决问题的具体思维过程，或掌握一种分析工具，或通过较复杂的案例教学来提高综合分析问题的能力等等。应当达到学生通过案例学习所应达到的能力水平以及知识点的掌握，并符合对其进行测验的手段和标准，教学目标规定的意图越具体越清楚越具有教学的指导意义，而案例教学就越能更好地实现教学目的。

向学生提供高质量的案例是保证案例教学成功的关键，也是案例教学中需要教师花大力气去做的工作重点和难点。由于大多数在校学生没有多少社会工作经验，因此必须选择适合于他们通过钻研能够理解和分析的案例，只有案例的难度与学生的水平和能力相适宜，才能实现教学目标。作为案例教学，我们认为案例的选取是要有一定的标准的，否则就不利于实际教学。那么，如何才能体现案例教学的需要呢，关键在于案例的选择。它有以下一些标准：

第一，案例的选择要体现金融监管的情况，必须有代表性和广泛性。由于我们选取的案例是为讲授和研究金融监管中遇到的问题，因此，要通过典型案例来体现金融监管的变化和发展。它必须有最新发展的各种金融监管案例，也要有一定的历史案例，它必须覆盖金融监管领域的各个方面，诸如内部控制、资本充足率、行业自律、存款保证金和最后贷款人等问题。因此，在案例教学中安全的选取要尽量取材广泛，而且每个案例都叙述完备，从事情的起因、所导致的后果到应该采取的各种技术手段以及最后的成效，都进行了详尽的说明。

第二，案例选择要有借鉴性和启发性。本书中每一个案例的选择都希望能够有所启发和借鉴。以期能调动学生学习积极性，还有极强的针对性，力求引导读者从多学科、多角度进行考察与分析，开阔知识视野。

第三，案例教学的实用性和应用性。金融监管是一门实践性极强的学科，它应当学以致用、研以致用。学习理论的重要目的是指导实践，金融监管也是如此。本书旨在通过金融监管领域中的一些典型案例的分析，对我国经济转型过程中的金融监管问题进行研究，以提高读者的思辨能力和分析能力。

第四，案例描述和分析的侧重性和规范性。本书虽然是案例分析，但也注意尽力从学术研究方面，探讨案例的意义。同时，又要避免专业术语叙述的枯燥无味，使读者在轻松的阅读中了解和掌握金融监管方面的知识，以资借鉴和启迪。

案例教学最终要回归于主体教学，体现针对性和警示性。对于学生而言，金融监管的知识度可分为三级，由易到难分别是：专业知识能力、基本应用能力和综合运用能力，这三个层次的能力依次提高，体现了金融监管作为应用学科的特征，是知识和实践的结合。我们之所以编辑这本案例教学之初衷，也体现了这样的意图。这三方面的能力和知识构成如同地核到地幔的向外扩展一样，三层圆代表知识核心、知识中层和知识的外层。如下图所示：

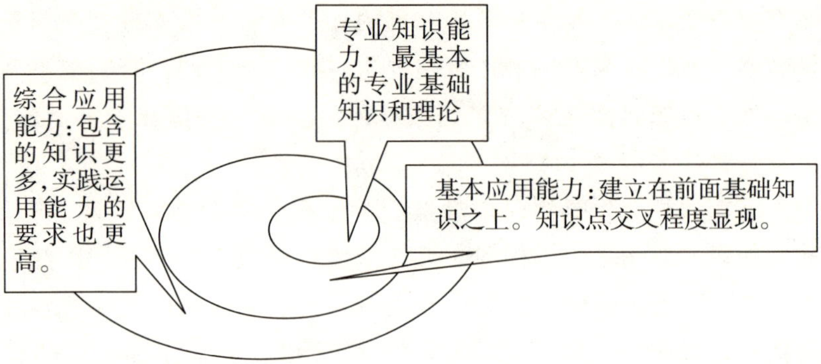

1. 金融监管的教学是理论与实务的统一，它需要有典型案例做支撑。要努力兼顾教材的实践性，在理论分析的基础上结合当前国内外金融监管的最新实践进行编撰的。然而，即使这样要想把金融监管的实践，特别是一些精典的案例融汇到教材中并加以分析，限于篇幅、重点等实际问题并不容易。笔者所编撰的金融监管案例分析教材，主旨是要构建起一个能够为金融专业学生提升能力、加强应用性特征、体现金融专业核心知识体系的应用性教材。这一教材的编撰规划，是基于金融业的最新发展和防范全球金融危机，本书的编写力争体现近年来国内外金融业运行的态势，强调宏观金融的运行与稳定。与此同时，在教材编写中还侧重于金融或相近专业的相关核心专长，优化和提升现有的专业课程。

2. 某种意义上讲，金融发展史也是一部金融监管的案例大集。在教材编撰中，笔者注意从金融危机史的角度阐释金融监管的知识点，既能完整的体现教材体系和风险，又能吸引学生，照顾到实际教学。纵观人类经济金融发展史，金融的发展客观地反映着该国社会经济发展状况，金融的发展极大地推动了社会经济的发展，为经济发展作出了贡献。同时，由于金融监管不力，发生金融危机后对经济和社会发展的消极影响也是存在的。因此，某种意义上讲，整个人类的金融发展史也是一部金融监管的案例大集。透过这些典型的金融监管案例，能够帮助我们正确认识金融在经济发展中的地位，继而明确金融监管对于稳定金融、稳定经济的作用，将有助于我们对金融监管理论与实践问题的深入研究。仅从 2008 年以来爆发的金融危机来看，就出现了许多的典型案例值得我们研究。

3. 结合现实，方便教学，为课堂教学提供丰富的素材和案例。次贷危机后的国际金融发展为金融监管案例提供了丰富的资料，这些都为金融监管教学提供了丰富的案例。具体来说，这本案例评析有以下特色及创新：

一是体系新颖。在编辑、整合一些案例时，并不是简单的编辑，而是要考虑教学需要及其相互间的内在联系和逻辑关系，形成一个完整的体系，力争体现金融监管领域的最新进展，在体系和内容上更加集中和凝练。

二是实践性强。金融监管作为金融学领域的重要研究内容，有着重要的应用性和复杂性，它代表了人类自身对金融理论和金融运行的理性认识和思维，是人类控制和统治金融的重要技能，也是金融专业重要的基础和技能课程。教材注重实践，其切入点和关注点就是金融的稳定运行，通过金融监管来完善金融体系，防范金融风险，保持金融稳健运行。编写上，在关注国际金融的前提下，又以中国金融运行为立足点，如中国金融风险管理框架等较有一定的前瞻性，以提高学生的判断力和思考能力。

三是知识与技能相结合。努力做到分析论述深入透辟，对全球化背景下的金融监管问题进行了细致的梳理、系统的比较和分析，进一步突出了金融监管的体系，也使教学更富有条理性和更富于内在的有机联系。

四是突出金融风险和金融危机的防范与管理。保持金融稳定，强化金融监管是近年的金融重点研究课题，本书注重探寻金融监管的真谛，揭示金融监管的方法论基础，这对于运用科学思想，提升读者对问题的认知能力和理论研究水平，无疑具有启示和借鉴。

五是注意多学科知识的结合。金融学的独特性质在于它是在市场联系中研究人类筹资、用资和理财等方面行为的科学，这样一门科学决定了对其监管的复杂性和变化性。本书在编撰过程中注意多学科知识的融合与联系，如管理学、金融学、博弈论、系统论等学科的有机结合，然后综合金融调控、金融风险管理与金融监管的内容精华，条理成教材。通过近年来国内外金融领域中发生的事件，立足现实的金融运行态势，从一定的理论高度加以分析，旨在帮助读者提升金融监管的理论、知识与技能。

通过多年的教学实践，笔者体会到，让学生通过案例学习所应达到的能力水平以及知识点的掌握，并符合对其进行测验的手段和标准，教学目标规定的意图越具体、越清楚、越具有教学的指导意义，而案例教学就越能更好地实现教学目的。在这方面我们还需要进一步的努力和积极的探索。

某财经大学本科生学风 TEEQ模型框架分析

施慧洪

[摘要] 本文在分析现有国内关于本科生学风问题研究成果的基础上，指出现有研究的主要不足之处。其中，缺少理论建模是主要不足之一。在建模之前，本文讨论了一些基本理论前提。所要建立的模型是TEEQ理论模型，即学习经历、学习自我、学习素质和学习环境。本研究在访谈的基础上形成了大量第一手资料，总结了一些基本结论。最后，在“中医式疗法”的学风改变对策中，指出学风改变的系统性特点。同时，非系统性提出了该财经大学学风建设的一些实用的对策。

[关键词] 学风　TEEQ模型

最近几年来，该财经大学的师资质量有了很大提高，在全国排名上升。但是，从本科生培养来看，学风不佳的状况没有根本改变。学风改变是一项系统的、公开的、持续的、复杂的过程，必须加以研究。在1998年全国高校扩招以来，学生质量不断下滑，学风颓废积重难返。如果说我国教育存在教育质量危机，这样说一点也不夸张。

一、国内研究现状及不足

王力（2008）以西南科技大学为例，从组织保障、教风、学习风气、学习效果四个维度来分析，每个维度可深入划分为一级指标、二级指标、三级指标。由于缺乏对四个维度和各级指标的逻辑证明，因而在指标选择上缺乏说服力。该方法中，学习效果指标缺乏客观性：（1）获得学位率、毕业率指标是虚指标，许多根本不应该毕业的学生在现有体制下都顺利毕业了。（2）身体素质作为学习效果的三级指标欠妥，它应该是影响学习效果的因素，而不是学习效果本身，颠倒了因果关系。(3) 思想修养作为学习效果的三级指标难以度量。该复旦大学硕士论文欠严密。

孙明明（2008）在《高校学风管理》的华东师范大学硕士论文中讨论了韩萌（2007）、刘春英（2004）等对学风不同角度的定义，对学风的外延、现象进行了讨论。作者的调研量表有许多有借鉴意义的条目。但是，这些调研条目缺乏系统的内在逻辑，也就是缺乏能够全面涵盖各条目的理论。所以，该论文的缺点是理论高度不够，抽象、归纳、演绎等理论思维能力不强。虽然引用了不少文献，但是，由于对文献没有剖析、批判与继承，也就没有对原理论的扬弃。乔纯（2008）在西南大学硕士论文《高校师生学风及相关性研究》中也存在类似缺点。

所以，现有硕士论文难以给本科生学风问题的对策研究提供一个根本的指导，只能供参考。现有本科生学风问题的对策研究需要理论上的集成创新，也需要调研方法上的创新。理论创新与调研创新相结合，有可能认识本科生学风问题的深刻本质。

学风调研的国内相关文献。(1) 对课堂学习情况和自主学习情况的问卷调查（龙跃等，2007）。(3) 调查方法。问卷调查、座谈、访谈、寝室考查、随堂听课等（李雪梅，2009）。(3) 利用学风指标体系展开的调研及分析（田飞等，2008）。该指标体系由概念、维度和测量指标三级组成，测量指标 50 个，利用李克特五级量表对测量指标进行度量。(4) 对学习态度（包括学习的目标、动机、兴趣）、学习品质（坚定性与主动性）和学习行为（学习的习惯、关系、纪律、方法）展开的调研及分析（乔纯，2008）。(5) 针对高校学风建设体系展开的调研及分析，包括人力资源、物资保障、成长平台、绩效评价等体系（王力，2008；李德全，2007；张加强，2008）。

学风不好的表现。(1) 学习环境不理想、态度不端正、兴趣不浓厚、动机不纯（贾仕林，2008）。(2) 精神空虚，抽烟、酗酒、谈情说爱，没有正确的人生观（于世龙等，2000）。(3) 没有远大的理想和抱负，认为学习意义不大，热衷于其他事务。(4) 早上九时才上床，下午三时才起床（阳春乔，2005）。(5) 考试作弊、旷课、晚归、未归、打架斗殴等违反校纪校规行为（翟瑞，2005）。(6) “重技术实用，轻人文精神”等功利主义学习观盛行（孙明明，2008）。

学风不好的原因：(1) 学生阅读量过小（刘杰等，2004）是学生创新能力不足的重要原因。(2) 部分学生沉溺于网络，不能自拔（杨江水，2009；王力，2008）。(3) 学生自身素质原因。录取成绩每相差10到20分一个分数段，学生的基础和行为习惯就有一定的差别（李凤霞，2006）。不少独生子女的非智力因素如自控力、自理能力、意志力、人际交往、责任感较差（李凤霞，2006；马祥甸，2009）。(4) 社会上存在各种各样消极腐败现象，诸如社会利益分配不公、知识贬值、腐败分子"得宠"等，使学生产生知识无用的认识（杜鹃，2005；吕秋芳，2008）。

改善学风的对策：(1) 个体方面。要解决"为什么学""学什么"和"如何学"三大问题（刘新庚等，2006）。浓厚的学习氛围、科学的学习方法、良好的学习习惯、合理的学习计划、融洽的学习关系等（赵纪良等，1996）。新生入学教育从校情校史、校纪校规、专业思想、大学适应、理想信念等方面入手（郭一红，2006），并强化晨练、晨读、晚自习等学习活动（徐卫，2009）。(2) 教学心理方面。利用"移情"原理培养优良学风（黄立鹏，2004），利用皮格马利翁效应激发学生顺应老师的期望（郭颖，2003），尊重和欣赏学生是一种感情投资（周德全，2006）。(3) 改善学风问题的基础是良好的生活与学习环境（赵旺贤等，2008），要有相应的体育、娱乐、健身、休闲场所，以减少无聊上网的概率（胡俊峰，2008）。狠抓校园、图书馆、食堂和学生宿舍这四大公共活动区域的风气（周全，2008）。(4) 激励机制方面。应在目标激励、榜样激励、奖惩激励、竞争激励、兴趣激励五个方面狠下工夫，尽量满足优秀学生的要求。培养复合型人才（双学位、优秀学生允许改专业）和快出人才（直博、直硕、实验班等）（翟瑞，2005）。开展不同类别、学科的知识竞赛、演讲比赛（黄庆胜，2009）。(5) 教学与管理方面。完善高校学科、专业和课程体系（刘新庚，2007），发挥辅导员在学风建设中的作用（曹宜婷，2008）。

本科生学风问题研究的结论和方法有着参考价值，但存在以下不足：(1) 缺乏理论模型指引。因此调研难以摆脱经验性罗列，数据缺乏深层次挖掘与分析的基础。由于数据质量不高，逻辑比较杂乱，导致结论与对策的力度不大。(2) 调研不够扎实。如调研对象比较单一，调研组织过程比较粗糙，调研时间比较仓促，调研范围比较狭窄。

所以，理论建模就成了学风问题对策研究绕不过去的门槛。

二、基于学生现状的一些基本理论前提

1. 市场经济条件下，学生是贪图享受的。传统美德不是天生俱来的，是积极修身养性的结果。由于利益得失的原因，坚持“美德”无法得利，部分学生鄙视美德，以“丑恶”为楷模。这种错误的价值观在胡锦涛总书记的“八荣八耻”中生动地予以体现了，胡锦涛总书记告诫学生：热爱祖国，服务人民，崇尚科学，辛勤劳动，团结互助，诚实守信，遵纪守法，艰苦奋斗。

2. 市场经济条件下，如果有公平竞争机制的约束，个体的人性自利之恶有可能达到客观有利社会之善。市场经济的人性基础是“恶”，人人“性本恶”。个体在追求自私（自我价值）的过程中，实现了社会价值。但是，由于公平竞争机制受参与博弈的各方实力与态度的影响，互相制约，力量均衡，社会阴暗面短期难以根除。

3. 学生好学大多是现在或过去环境的产物，能超越环境的凤毛麟角。这些环境包括家庭环境、宿舍环境、过去的学校学风环境、现在的学校学风环境、课堂环境、就餐环境、生活环境、自习环境等。

家庭环境对学生有决定性影响。如果父母关系不好，学生的学习积极性大多受到负面影响；家庭经济条件好坏往往与学生的学习积极性成反比，我所接触到的优秀的、勤奋的学生，往往家庭经济条件一般，但家庭精神文化积极向上。总之，决定学生学习积极性的不是家庭经济条件，也不是家庭平均文化水平，而是家庭精神文化是否积极向上。如果家庭教育过多强调社会阴暗面，或者其父母对社会阴暗面态度消极，对社会评价呈负面，则该学生难以积极向上。

宿舍环境影响到学习意志不明确的学生。除了极少数学习目标明确、意志特别坚定的优秀学生外，大多数学生的学习动机、学习自律能力、社交能力不足以能够超越宿舍环境。学生若忙于学习，与其他同学交流的时间就减少了。当由于缺少交流与沟通，宿舍内其他同学把该同学作为异己力量排斥时，该生与环境的矛盾就产生了。面对矛盾，该生要么回避，要么冲突，要么解决。但是，解决人际矛盾是需要花费时间和金钱的，或者

学生不具备客观条件，或者学生主观不愿意付出和解成本。结果，该同学就很可能客观上受到冷落，甚至对方主观故意的冷落，乃至敌对对抗。这是不少爱学习学生的困惑。要么随大流，要么，特立独行。对于以女生占主体的财经院校来说，女生更倾向于屈服于环境压力，环境不鼓励学习，许多女生则不怎么学习，互为因果，大家都不学习的状态被锁定。最有说服力的证据是，一个宿舍的学生，要么都爱学习，要么都不爱学习。那种部分同学爱学习，部分同学不爱学习，彼此却能够互相尊重、和谐共处，案例非常稀少。因为，本科生的综合素质达不到那个水平，本科生总体上处于世界观形成阶段，其受消极环境的不利影响的程度要大于他所能够给消极环境施加积极影响的程度。

小学、中学的学风环境影响大学生大学期间的学习行为。如果学生是以“二本”被录取的，又来自于普通高中，甚至其小学、初中都是普通的，其在大学不爱学习的概率将达到80%。而其小学、初中、高中有一个是重点的，过去的优良学风记忆就很可能激励他们在大学里努力学习，重现辉煌，或者不甘落后。

生活环境、就餐环境、自习环境往往影响学生对学校的情感。如果学生不爱自己的学校，就难以认真学习。以下现象不利于学生对学校形成积极的情感：宿舍停电；就餐排队达半小时；就餐没有座位；菜价贵；自习室自习人员密度过大；自习室里的“情侣骚扰”，即“情侣”们嗑瓜子、肉麻亲热、聊天；住校外，上自习不方便；图书馆虚占座位。这些现象只要发生一次，就会影响学生的自习积极性。如果学生上自习找不到教室，只要有一次这样的经历，学生第二次乃至一个学期都懒得去教室。

4. 大一学生要让他们忙起来！当学生的学习自主性不强时，如果业余时间增多，容易养成不学习的习惯。大一学生刚刚高考结束，还有学习的惯性。但是，由于大一军训之后课程安排太少，就养成了不学习的习惯。这种惰性很快被带到大二，消极影响大二的学习行为。大二课程较多，学生却并没有进入学习状态，收获不大。等到大三，学生想好好看看专业等书籍时，课程天天排满了，不要说业余时间没有，做作业的时间都不够。所以，大一课程的数量和难度要增加，以承接高考苦战之学风；大三的课程要适当削减，以提供一些业余时间。大一学生业余时间多了，网上聊天等消闲的时间就多了。在大一学生没有学习自主性的情况下，业余时间越多，形成不学习的习惯越顽固，对大二产生的消极影响越大。

5. 好的学风能够促进学生积极利用网络，但网络本身对学风形成的作用不是积极的。网络对学生的学习产生许多负面影响，数字技术便利了学生抄袭，以及不能自持的娱乐。曾几何时，我们大呼数字鸿沟的危险，所以，加快教育数字化。但是，实践中，学生拥有电脑后，往往：（1）过分娱乐，不能自持，看视频、游戏。（2）网聊成瘾。（3）作业从网络上抄袭。有 30％的学生做作业时，从网上下载文章时，一个字都不改就交给老师。那些拼凑成的豆腐块文章，无论排版、意思都是一塌糊涂，根本不合格。但是，老师没有办法去纠正，因为大多数学生都这样。（4）人性的负面因素在网上获得了自由，欲望得到放纵，理性被暂时抛弃。（5）网络社区排名等诱惑使学生花费大量业余时间上网，难以自制，学习时间被不断侵蚀。网络对本科生层面是负面大于正面意义。但是，这样的局面要被打破，需要许多外在条件。

6. 教师不认真教书与学生不认真学习存在一个博弈均衡点：互不干涉，互相妥协。

7. 教学型与科研型教师合理分工综合效益最大。科研型教师要管理学生学习的机会成本是高昂的，大多数教授并不愿意给本科生授课。科研型教师的时间无比珍贵，要实现社会价值最大化，就不能在教学上与学生过多纠缠，而是要做科研。作为教学型的教师，要实现自身社会价值最大化，必须与学生广泛交流。这么说的前提条件是：在我国大学课堂上，学生与老师互动不充分，没有教学相长的环境。

8. 学生在整体上是思想复杂的，老师在与学生群体的博弈中处于弱势地位。当教师要逆社会负面潮流，认真采取措施去扭转具体学生的不良学风时，阻力是巨大的。学风建设只能是系统工程，单个老师推动学风建设只会受到“惩罚”。

9. 奖惩是改善学风的重要手段，力度太小则起不到作用。如一等奖学金只有五百元，激励太低，无法起到激励作用。奖学金制度可以这样设计：一等奖学金获得者免学费，并指定专业指导教师，帮助其成长；二等奖学金的奖金 2000 元，另 1000 元钱资助他参加国内学术会议，配备指导老师；三等奖学金 1000 元。

10. 中国当代社会存在的“违规文化”不利于学风建设。隐性收入、潜规则、闯红灯、走后门、上有政策下有对策等等现象较普遍。这些容易形成学生对社会规则的轻视，从而也对遵守学校规则产生消极影响。

11. 天生就特别爱学习或特别厌恶学习的学生都是极少数。如果不能树立学风正气，大多数学生会受到厌恶学习的学生的不良影响。逆水行舟，不进则退。人只要一放松对自己的要求，就容易堕落。

12. 作业和考试抄袭已经成为校园文化的一部分，只有学校层面下决心才能制止其蔓延。如果客观上允许作业或考试抄袭，学风建设就如同空中楼阁。(1) 作业抄袭的综合成本低，收益大。(2) 考试抄袭好处大，不抄心理不平衡。现在，大学校园抄袭是普遍现象。抄袭而没有被抓，是学生炫耀的资本。(3) 抄袭手段防不胜防。

13. 严进严出是教学质量未来改革的基础工程。严进是因为教育要公平，我国存在60%的农村人口，"严进"保证了教育形式上的公平。"严出"是要淘汰那部分落后的学生，而不是要去挽救他们。挽救落后学生不是学校的义务，因为整体上来说，那样做成本高昂，且扭曲了资源配置效率。学校将主要精力花在对优秀学生的培养上，要比花在挽救落后学生上，其产生的社会价值要大得多。(1) 落后学生往往有着落后的世界观，对教育抵制，使教育效果打了折扣。(2) 恶劣的落后学生甚至染上地痞流氓习性，学校没有对之教育的能力和手段。(3) 只有对落后学生进行淘汰，才可能警示乃至挽救那些正在落后的学生们。(4) "严进严出"与我国的传统文化一定程度上相背离。因而，没有社会系统的改造，单单改革教育系统"严进严出"是难以真正实现的。

14. 高等教育质量不好的根源在于社会公平竞争机制出了问题。对社会的落后面的自觉或不自觉的改造，是经济增长模式转变的条件之一，也是高等教育兴旺的基本条件。商业领域的暴发户现象，政治领域的形象工程，教育领域的文凭贬值现象，其实在精神上是同质的，就是对毛主席实事求是原则的全面背离。一切向钱看，公平、公正等社会正义受到挑战。(1) 公平公正是积极向上的社会文化基本支架。城乡差距、贫富分化拉扯着公平公正的社会正义的根基。(2) 一切向钱看的社会文化与青年人的堕落有着直接的联系，在广州、深圳等南方城市，金钱具备赤裸裸的能量。(3) 就业领域的不公正现象，"教育"着大学生们。(4) 消极现象背后的消极文化使学生的惰性更加难以改变，学生缺少改变的精神动力。

三、TEEQ 理论模型的建立

TEEQ 理论模型。模型从学习经历（Time，引入了时间变量）、学习自我（Ego）、学习环境（Environment）、学习素质（学习能力、意志、计划、习惯、方法，quality）四个方面展开，从框架上涵盖了现有文献的主要内容学风不好的重要原因分析。（1）TEEQ 模型的理论阐述，其间将涉及生理学、心理学、社会学、经济学、哲学等理论基础。例如：当环境试图塑造自我时，涉及成本收益分析，属于经济学范畴；学习自我属于心理学范畴；环境由主体、客体、主客机制等组成，属于哲学范畴；学习素质涉及生理学、心理学、社会学等。（2）TEEQ 模型三级指标体系。如学习自我有情感、理智、意志、本我、非我等第二级指标，情感第二级指标又有厌恶、喜欢、无所谓等第三级指标。（3）TEEQ 模型三级指标体系的实证分析，要确定调研对象、范围、内容、研究方法等。研究对象包括在校生与校友；研究范围限于本科生学风，不包括研究生学风、教师学风等，区域集中在北京。（4）针对本科生学风问题的不同主体的对策研究，提出学校分阶段改善本科生学风的行动方案，包括每个阶段的目标、工作重点、绩效度量指标等。

在学习中有一对基本矛盾，就是自我与环境的矛盾。学习是自我改造的过程，环境中各种信息输入到自我中来，包括噪声干扰等，影响学习效果。学习素质反映了学习自我对环境的掌控能力，学习素质超强，越能够吸收有用信息进行加工放大。学习素质是内含了学习效果的，在很短的时间内，达到了很广或很深的知识掌握，即学习效果好。学习经历是从历史唯物主义的角度来认识问题的，一个人过去学习成绩一直好，则现在学习素质相对较高，学习自我也适合学习。该理论范畴从内在本质方面去研究学风不好的成因。

该模型利用聚类分析可以将个体学风进行分类。如将新的个体特征代入模型，可以判断其所属于的学风类型，从而为个体学风管理打下基础。同时，对于学校来说，尽可能招到好的学生，创造好的学习环境，激发学习自我，是学校的努力方向。学习环境包括软环境和硬环境。硬环境方面如宿舍、教学楼、图书馆、校园植被、网速、食堂、体育设施等方面，软件方面包括团委工作、学生工作、社团工作、学生衣食住行、安全、娱乐考研与出国生比例、男女搭配、毕业生工作、校友等方方面面，而将硬件与软件联系起来的是高校的管理制度和管理人才。而高校的管理制度又是与教育部或地方联系起来，对高校管理者的选择和用人机制大致决定了高校的动力和发展方向。

本模型没有包括学习效果、学习现象等范畴，在后续的模型研究中，我们要进行扩展。我们有一个困惑，就是随着理论范畴的增多，收集信息的质量会下降。如何对所欲调研的大量信息进行分析，减少收集信息的名义数量，增加有效信息的维度，收集重要信息，这本身就是值得研究的复杂问题。总之，对该理论范畴的拓展、应用、修正要经历一定的研究实践，方可达到实际运用的程度。

另外，该模型是以个体为研究对象的。如果以学校的学风为研究对象，该模型需要适当修改，如适当增删宏观变量。

四、访谈的一些基本结论

我们列出 55 个调查项目，对约 100 名不同专业、不同年级的学生进行了访谈，获得了大量第一手资料。

1. 专业、课程、老师、学校吸引力不够。学生预期悲观基本决定了学生的消极学习行为。从情感的角度来说，老师与学生相互了解，学生对专业感兴趣，等都会促进学生学习。不少学生反映，专业是调剂的，不是自己喜欢的专业；有些学生在高中同学考上北大清华，自己却考上该校的巨大反差中一蹶不振。凡是能够在大二将心态调整过来，都是优秀学生；有的到大三还没有调整过来，生活没有阳光。

2. 出国、考研或自己有打算的人是目前学风不好的受益者。不少学生在课堂上看外语，不听课，只为点名的时候在场，以便期末成绩有个保障；期末有人愿意为班级出力，卖人情，将命题范围和答案都整理好，让其他学生搭顺风车。部分有思想有打算的学生也不爱听课，认为他们所能够接触到的老师还难以达到与他教学相长的水平。

3. 学校的影响力不大。学生学不学习是由其素质、学习愿望、学习兴趣、生活习惯、学习经历等内在原因决定的，不是短期能够改变的，学校的影响力不大。学校只能影响那些可学习也可不学习的部分中间学生。而且，由于大学学习的价值在于其创造性，纯粹的考试性学习与大学的教育宗旨是矛盾的。大学培养的是创造性解决问题的人才，而不是人云亦云的人才。所以，大学学风的形成主要靠诱导，而靠强制和考试压力培养的人才只能是普通人才。

4. 学生组织一般不能带动学风，而且，易受学风的影响。部分学生可能对学习不感兴趣，但愿意在学生组织里投入精力，在该学生组织范围内有一定影响力。能够在学生会、团委、社团等学生组织中起积极作用的学生毕竟不多，大多数学生是食堂、教室两点一线，部分学生有校外活动。同时，学生社团、团委等学生组织内派别斗争激烈，也是小江湖。社团、学生会等组织有点浮，难以深入学生中间，学生会等主席的代表性也不强。这些都是现有学生组织的不足之处。

5. 大学生处于世界观形成阶段，容易受他人或环境的影响。能够达到“八荣八耻”的学生是极少数，许多学生把鸡毛蒜皮当作自己最重要的事。大学风貌其实就是弘扬光明的一面，抑制阴暗的一面。两所水平不同的大学，其学生素质整体差异可能较大，但同一整体内个体间的相对差异，可能非常类似。大学生各种活动往往以宿舍为单位，特别是女同学，爱扎堆，没主见，也最容易发牢骚，破坏团结。

6. 许多学生是“四不管”学生。父母够不着，学校不爱管，老师管得少，自己管不住。自觉性差的学生，如果多一种因素来管理自己，情况可能迥然不同。这些学生学习成绩中不溜，既可能变成好学生，也可能变成差学生。他们是随大流的人，不特别坚持自己，对外界施加的约束不特别反抗，尽管可能隐性反抗。这部分学生是需要“管”的学生，也愿意接受让人尊重的、诱导人上进的管理。如果将补考成绩发短信给家长，将会对部分学生产生实际约束。

7. 影响学生对学校印象好坏的往往是一些小事。如偶然一次宿舍停电，食堂师傅的一句风言冷语。学生对学校的印象首先受到老师、同学、家长等评价的影响，有主见的学生往往还要“问必躬亲”才决定。所以，学生管理无小事。

8. 男女生能否流畅交流影响学风。大学里男女学生兴趣差别甚大，在女生占 2/3 的财经院校，男女生之间的交流并不通畅。在女生看来，大多数男生不够成熟，不知道尊重和照顾女生，沉溺于游戏、玩耍、娱乐当中。在男生看来，有些女生过于清高，不爱搭理人，不懂得给男生面子，整天聊些吃喝、服装、美容、减肥、逛街等低层次的问题。男女生的交往一定要两边各有一个桥梁人物，即该女生在女生中威信较高，该男生在男生中威信较高，这样能够组织一些有共同兴趣的活动，促进交流。凡是交流得好，小团体少的班级，往往是较好的班级。男女生关系是否融洽是影响班级学风的重要指标。如果女生对男生有吸引力，男生就会珍惜；如果男生对女生有吸引力，女生就会在被动中寻找主动的机会。比如说，班级里一个男生都没有，或者“男孤”很一般，这样的班级学风一般都不太好。

9. 入学时存在失落感的学生容易导致情结型的学习堕落。有的学生没有考上名校，充满自卑。有的学生专业不好，是自己没有填报志愿的专业，对所学专业没有兴趣。有的学生学习吃力，最终放弃。

10. 不上课成为部分学生的一种常态。一个班级不去上课的学生占比有多大，取决于该课程的有用性、老师教授性和班风好坏。学生在寝室睡觉，不去上课；学生出去旅游，不去上课；学生在宿舍消磨时间，不去上课。学生对付点名的方法有：（1）一点名，没在场的学生很快赶到教室，说刚刚出去有事了。（2）下堂课说自己生病了。（3）说自己家里有事。（4）其他方法。

11. 学生的学习个性差别很大。有的学生只听自己感兴趣的课，但读书众多，且涉猎前沿知识，可能比老师学得还深；有的学生表面上不与老师顶嘴，但消磨时间，无所事事，我行我素；有的学生反应速度慢，老师稍微超越一点教材，就跟不上；有的学生对政治感兴趣，学习兴趣不高，或学习能力不强；有的学生嫌弃老师抱着教材讲解太烦琐。大学里面的学习，本来应以自己为主的。但是，由于应试教育，学生自主学习能力弱，学习目的模糊，获取知识的动力弱。学风，首先是一种学习风貌，一种探索未知的动力。高考分数高的人一般比分数低的人学习能力强，每相差十分，就差一个档次。所以，一个学校生源质量高，学风更有可能好；生源质量低，你就是配上最强大的阵容，也是白搭。这就是学习个性的差异，难以改变。

12. 学生缺少“水滴石穿”的执著精神。反应能力差的人，并不是就没有前途，但需要学习的韧性。差生如果没有“驽马十驾，功在不舍的精神”，就没有希望。良好的学风包含了后进者的上进之心，如果学风只是智者的游戏，那普通高校就不可能有好的学风。

13. 理论联系实际、实事求是是马克思主义学风的基本骨架。但是，现代大学生的哲学素养并不高，许多人对哲学不感兴趣。由于多种原因，《资本论》成了学生最不愿意上的课。我国现有从西方引进的知识体系似乎已经抛弃了马克思主义，马克思主义从知识内容上被孤立。被西方经济学思想所同化的精英，在利益的诱惑下，忘记甚至反对马克思主义的指挥棒。

14. 抄袭现象普遍，考试抄袭、作业抄袭、毕业论文抄袭是主要形式。大学生大多不做作业，论文作业基本抄袭，很多学生只是改一个论文作者的名字，甚至连原作者名字都不改。考试抄袭不止是一般学生，优秀学生也参与。考试作弊形式多种多样。毕业论文抄袭十分普遍，除了学生能力原因外，找工作难也是重要原因。抄袭在我国高校已经是十分普遍，十分难以根治的顽疾，有着深刻的经济社会原因。

五、“中医疗法”给学风改变带来的启示

现在教学改革方面的研究领域较多，但都是“西医疗法”，缺少“中医疗法”。而学风是个精神层面的问题，需要在社会这个大系统下来考察，需要“中医疗法”。

根据局部与整体的哲学关系原理，局部的功能离不开整体，整体依靠局部来实现。局部与整体的关系有 1+1>2，1+1=2，1+1<2 三种。当不同局部之间互相矛盾时，由于内耗，整体功能小于局部之和，1+1<2。这样的系统不是一个稳定的系统，容易分裂。只有局部之和小于系统整体功能时，且局部之间相互依赖于整体功能时，这样的系统才是一个稳定的系统。因为系统功能演化时，相同的功能由一个局部完成，不同功能之间互相依赖。

中医治疗要求标本兼治。我们知道一服中药，有许多中药成分。因为学风、党风、政风、医风、警风都是彼此联系的，在一个系统内部，很难想象其他风气不好转，学风会单独好转。

学风到底如何改变？有几种观点，一是学风难以根本改变的悲观论者。这类人对我国现有制度的前景感到悲哀。二是学风可以根本改变的积极论者，如产权论者、私有化论者。三是学风改变阶段论。学风改变与其他风气改变一道，分为几个阶段，摸着石头过河。

我们认为，私有化可以根本改变我国学风的观点过于简单化。随着我国经济进入集约经济约束阶段。不发展集约经济，经济就没有出路。此时，学风成了提高高等教育质量要解决的重要问题，外在政治、经济等约束会推动着学风改变。

尽管我国改革开放30多年了，但粗放型经济增长模式没有改变，政治体制改革也面临着艰巨的任务。那么，经济再发展40年，到2050年，我国进入中等发达国家行列。到时候，教育所面临的环境将有很大不同。我国的学风问题可能就有了根本改变的基础。

当然，目前看来，由于受到经济系统、教育系统等的约束，学风短期内根本改变的可能性不大。正是由于学风改革是一项系统工程，需要更深入地研究。

目前，根据访谈结果，对于该财经大学来说，一些具体的措施有助于学风好转：

（1）大一学生实行早操制度，将课程增加至8门左右，提高竞赛奖金力度，试图在大一延续高中的学习风气。

（2）建立补考学生成绩向父母短信通报制度。

（3）建立淘汰制度，在每个班级、每个学年、毕业论文等建立淘汰名额。在不合格毕业生大约有30%时，淘汰5%，能够挽救另外的25%。

（4）深化联合办学、双学位、辅修专业、本硕连读、优秀生转专业、优秀学生扶持、大学生科研等改革。

（5）科技、企业、财经、经济、媒体等名人进校园讲座。

（6）从在校优秀学生或校友中选取学风典型人物进行介绍和引导。

（7）推动考证文化、考研文化、出国文化等。考注册会计师、CFA、风险管理师等，虽然功利，但总比学生无所事事强。

（8）加大外地生源的比例。由于外地考取本校的分数很高，且在北京面临巨大压力，不得不勤奋学习，这样就产生了带动学习的作用。当这些外地生成为班长或学委时，更能够起到示范的积极作用。

参考文献

1. 王力．高校学风建设及其绩效评价体系构建研究—以西南科技大学学风建设为例．复旦大学硕士学位论文，2008 年 7 月.

2. 孙明明．高校学风管理探究．华东师范大学硕士论文，2008 年 5 月.

3. 乔纯．高校师生学风及相关性研究．西南大学硕士论文，2008.

4. 吕秋芳．大学学风建设的内涵、本质及误区．北京青年政治学院学报，2008 年 10 期.

5. 王利民．高校学生工作在学风建设中的实践和思考．浙江师范大学学报（社会科学版），2003 年 3 月.

6. 田飞，曹威麟．学风指标体系实证研究．高教发展与评估，2008 年 3 月.

7. 翟瑞．学风建设关联因素分析与长效机制探索．西南科技大学学报（哲学社会科学版），2005 年 9 月.

8. 刘新庚，周硕，罗雄．大学生学风建设途径新探．湖南师范大学教育科学学报，2007 年 11 月.

9. 赵继良，莫俊生．建设良好学风的目标及方法．信息工程学院学报，1996 年 6 月.

10. 刘杰，庞岚．学生学习状况调查及其对高校学风建设的启示．中国地质大学学报（社会科学版），2004 年 6 月.

11. 杨江水．当前高校学风建设面临的新困境与新出路．重庆邮电大学学报（ 社会科学版），2009 年 11 月.

12. 黄立鹏．运用“移情”原理培育优良学风．宁波高等专科学校学报，2004 年 9 月.

13. 贾仕林，周春寅．新时期高校学风问题及其对策研究．江苏技术师范学院学报，2008 年第 6 期.

14. 赵旺贤．学风变差的原因及扭转措施探析．武汉科技学院学报，2008 年 3 月.

15. 龙跃，唐国章，齐立强．大学生学风状况调查及分析．河北理工大学学报（社会科学版），2007 年 5 月.

16. 阳春乔．高校学生社区建设与学风建设的思考．湘潭师范学院学报（社会科学版），2005 年 1 月.

17. 郭颖．皮格马利翁效应在高校学风建设中的应用．黑龙江高教研究，2003 年第 3 期.

国际化复合型金融人才的培养研究

唐伟霞

本文从理论层面阐述金融学专业特色发展的重要意义，分析中国金融发展的历史和西方金融发展的现状，以及当前中国金融面临的严峻形势入手，来明确适合中国国情的国际化复合型金融人才的培养模式。这不仅有助于当前金融人才培养定位的理论探讨，还有助于高等院校金融专业本科生的招生工作、培养方案的确定以及就业去向的明确定位。国际化复合型金融人才的培养重点在于提高学生的动手能力和实践能力，突出大学金融人才培养的独特优势，进一步提升金融行业相关用人单位的好评。

针对金融学专业而言，随着中国金融业开放程度的提高，金融领域就业面临“总量供给过剩，结构供应不足”的状况，金融专业人才的培养模式亟须调整。对学校而言，最重要的任务就是确定国际化复合型金融人才的培养方案：课程设置，师资配备，硬件软件设施，实训基地的建立等。

一、国内研究现状

教育部高教司杨志坚（2002）对高层次、国际化金融人才的标准进行了界定，指出不同层次不同类型的学校应该有不同的人才培养模式。中央财经大学副校长王广谦（2001）指出金融学科的定位应该在经济与管理、宏观与微观的结合上，课程体系和教学内容要突出前沿性。桂花（2010）通过分析我国经济和教育环境提出金融学本科教学的培养目标应该确定位素质教育。对外经济贸易大学万晓（2006）通过分析美国 CFA 制度的经验，提出构建以资本市场为核心的知识框架，重视职业道德操守教育，提倡终身学习与职业生涯发展的金融人才培养模式。

目前国内外的研究大多集中在金融专业的设置，金融人才的培养等方面，较少研究复合型金融人才的国际化特色。即使有一些该方面的研究也仅限于就问题而谈问题，谈论更多的是新时代背景下金融人才应该具备哪些素质？什么样的金融人才才是高精尖的金融人才？并没有就如何培养这样高精尖金融人才的模式进行系统详尽的阐述，可操作性不强。

当前中国金融业信息化步伐加快，网上银行、网上证券、网上投保等网络金融已经成为新的金融模式，因此新型金融人才需要熟练运用计算机处理金融业务。另外，尽管我国金融业目前实行分业经营，但已有“银证通”“银保结合”“代客理财”等金融交叉业务混合经营的趋势，这一趋势也要求金融复合型人才。

现代金融业越来越需要具有创新、变革精神的高层次复合型金融人才，这也是决定我国金融业改革和发展的关键。

二、目前高校金融人才培养中存在的问题

金融人才培养突出国际金融特色具有重要的理论和现实意义，金融全球化背景下金融业的发展更需要高精尖的国际金融人才，在金融全球化背景下，中国金融业的发展不可避免地要受国际金融大环境的影响，在业务经营过程中不可避免要经受国际金融风险的考验，金融服务业又是维系国家安全和稳定的重要行业，此时更需要金融从业者随时关注国际金融动向，熟悉国际金融领域的相关业务，运筹帷幄，抵御国际金融领域的种种风险，使中国金融在走出国门与外国金融机构竞争的过程中立于不败之地。

2009 年我国高等院校经济学毕业生（本科和专科）258264 人，招生 309119 人，在校生 1080187 人，预计毕业生 284611 人。但是我国高等院校金融人才的培养仍然存在以下问题：

（一）过早进入专业化阶段

当今高等学校本科生教育普遍存在的问题是过早进入专业化阶段，专业知识的传授占绝大多数，导致现有金融教学中专业设置存在过窄过细过专的格局。这必然会导致学生能力和素质培养方面的投入不足。西方国家的高等教育近年来发展的主要趋势便是抛开专才教育的培养目标，转而实行通才教育。

（二）招生人数超过师资力量

改革开放后，打破大学生由国家统一分配的格局，学校为了吸收生源，哪个专业“火”，哪个专业好分配，学校就办相应的专业，造成招生人数大大超过师资力量，尤其是金融专业。这在一定程度上解决了急需的专业人才，但给金融学专业教育带来了更大压力，因为如果毕业生工作适应能力差，不能随时吸收新的知识，该专业的吸引力是不会长久的。

（三）应试教育体制的弊端

学生学习方法依旧沿袭小学中学阶段的应试教育体制下的一些弊端。平时不注意知识的积累，缺乏系统性的学习，不愿意参与到课堂讨论之中，一切以考试为目的，以拿到学分为最终目标，这就导致学习上“轻平时积累，重期末考试”。死记硬背式的考试完后就抛之脑后。

（四）教学方法上缺乏创新

由于招生人数超过师资力量，教师资源的缺乏导致我们只能合班上课，班级过大不利于教学互动，不利于展开专题讨论和对学生的专门辅导。另外，学校教学管理上方法过于简单，衡量标准过于单一，应该由任课老师根据课程的特点和学生的不同要求做出适时调整。

（五）联系实验基地存在的困难

教学单位与实践单位缺乏长期合作机会。导致学生的实习成了难题，即使想尽一切办法得到了实习机会，也是做表面文章，学不到自己想要的东西，成了打杂、干零活。当然了学生本身也有一定的原因，比如好高骛远，不愿意辛苦，不会自主自觉学习的习惯，不是带着问题去实习，毫无目的导致没有兴趣。

三、国际化复合型金融人才的培养模式

要完善具有鲜明国际金融专业特色的人才培养模式，培养出一批适应社会发展需要，具有良好专业素质和熟练专业技能，具有可持续发展能力

的应用型复合型国际金融人才。

（一）培养目标

这样的金融人才必须具备扎实的经济学、管理学、法学理论功底，系统掌握货币金融、国际金融等领域的知识和技能，深入理解当代全球金融发展现状，熟悉国际金融、国际贸易、国际投资的基本规则、惯例和金融法规，具备熟练运用英语从事与经济、金融相关工作的能力以及毕业后不断自我发展的潜能。能够胜任跨国金融机构、国内商业银行、投资银行、保险公司以及政府金融与经济管理部门的工作。学生毕业时可以迅速融入国际金融领域，从事相关实务性工作。因此，国际化复合型金融人才的培养必须以就业为导向，根据岗位需求适时调整相关课程结构。以校内外实验基地为平台，全面提高学生的综合素质。

（二）积极进行专业教学改革

以市场调查为基础，突出实践教学环节，采取项目教学法、案例教学法、模拟教学法、情景教学法、启发式教学、专题讨论和成果演示，以及现场教学法等，提高学生的学习兴趣和自主能动性。依托北京这个国际金融中心的优势，积极建立与国内外金融企业之间的合作关系，既便于学生认知实习和专业实习，又可以为教师参加社会实践创造条件。具体方案包括课程设置、师资队伍建设、实习训练基地的建立以及专门辅导等。

（三）课程设置

根据国际化复合型人才培养的需要确定学生的课程设置，据此配备符合条件的教师任教，例如国际商业银行业务，国际投资银行业务，国际保险市场，国际结算和国际银行会计，国际商法和经济法，国际金融监管，国际金融衍生品市场等课程的具体要求和应该掌握的基本技能。在课程设置上，我们也可以借鉴西方大学的做法，需要学生课外阅读的课程只安排课时很少的讨论课，有老师进行指导和点评。

（四）师资队伍建设

要培养一批具有先进教学理念和较高职业道德，比例合理，基础理论扎实，教学实践能力突出，专职和兼职结合的教学团队。除了加强专业教师的教学改革以外，还应该聘请来自行业的具有丰富实践工作经验的行业兼职教师，优化师资结构。培养具有国际视野的高水平的专业带头人。专业学科带头人是指在学术上具有国内先进水平，能够全面把握本专业发展方向，紧盯国际金融学科发展前沿，统筹安排和协调本专业教学、实践和研究力量的本专业发展的领军人物，不仅需要很高的本学科学术水平，还要能指导本专业发展的学科前瞻能力和组织、协调专业成员进行重大课题攻关的管理能力。

（五）实习训练基地的建立

根据确定的培养模式，联系外围实习训练基地，根据中外金融机构国际业务的需要，安排任课教师定期培训，安排学生假期实习，真正能够实现跟实习训练基地有关单位的长期合作以及双赢。形成自己的特色课程体系，并在国内同类专业中推广，实现资源共享，满足国内财经院校对国际金融人才培养的需要。

（六）课外辅导老师的配备

要根据确定的培养模式，指导学生阅读课外相关书籍和资料，达到查漏补缺拓宽知识面，提高学生实际操作能力的目的。这也是本科生在学习方法上值得学习西方的地方。培根在《论学习》中说："学习方法就是读书、写作和讨论，读书使你充实，写作使你确切，讨论使你敏锐"。虽然中国大学里的学习还是以上课为中心，学生读书很少，写作很少，参加讨论也不多。但是要想充分发挥学生的积极性，主动求知，具有创造性，还是要加强这方面的改革。在学生实习的过程中也要有辅导老师跟踪了解解决学生遇到的实际问题。

参考文献

1. 杨志坚．加速高层次国际化金融人才的培养．中国高等教育，2002 年第 12 期.
2. 王广谦．加速金融人才培养模式改革．中国高等教育，2001 年第 22 期.
3. 曾康霖．金融人才培养与金融教学研究．金融教学与研究，1996 年第 3 期.

保险实务课教学方法研究

张小红

随着市场经济的深入，特别是加入世界贸易组织后，对外开放的进一步扩大以及经济全球化进程的加快，中国保险业发展前景更为广阔，面临的挑战更为严峻，特别是对保险人才的需求方面，更呈现旺盛的态势。因而，高等教育要适应国际化的要求，适应当前的社会合理需求，培养应用型的保险人才。

高等院校的教学工作，是在面向学生传授基本理论知识的基础上，培养学生分析问题和解决问题的能力。知识是构成能力的基础，而能力又是掌握知识、运用知识和开拓新知识的本质。因此，保险实务课是在使学生认识和掌握理论知识的基础上，培养学生的实际应用能力，日后成为真正的应用型人才。实务课教学的方法最终应为此服务。

首先，精心组织实施合理的教学计划。

一门实务课通常是由十到十五章的内容构成，在讲授该门课程的具体内容之前，应全面介绍本课程的整体框架内容，进而再介绍各章节之间的内在联系，以后在讲授每一章节内容时，要随时重申与强调该章节在全课程中的定位，使学生能够弄清现在所学内容处于哪个层次，哪个阶段，从而避免教师满堂灌，学生一味地盲目接受，完全不知教师所云，效果欠佳的情况．这样，一个学期下来，这门课程的整体框架也就印在学生的脑子里了，从中使学生真正地掌握所学的内容，而不是仅仅为应付考试的短期记忆。

其次，坚持案例教学，侧重技能培养。

通过案例教学法，增强学生的分析问题和解决问题的能力。利用典型案例分析，取得的效果十分显著。在讨论案例时，学生们显得十分活跃，十分投入，同时记忆深刻，很多很多枯燥的理论有可能记不住，但记住了典型案例，从而达到了解决问题的目的。如：在财产保险这门课中，实务部分主要是以条款为依据的，但是只讲条款，学生很难接受，且没有什么实质效果。如果插入一些小的案例，先让学生开动脑筋，各抒己见，然后再给出教师的见解，学生就会记忆深刻。例如：在财产保险课程的机动车辆保险中的第三者责任险部分，有这样的规定：被保险人及其家庭成员的人身伤亡属责任免除。而在交强险中，就没有此项责任免除事项，如果教师在课堂上只是一味地讲条款，既枯燥，又不易让学生记住。于是，在讲这一部分时，加上一个实务中的案例，先让学生讨论这一案例下应如何赔偿，最后给出保险赔偿的理由。要说明的就是同样是第三者责任保险的性质，对于被保险车辆造成的被保险人及其家庭成员的人身伤亡，在商业三者险项下，属于责任免除，而在“交强险”项下，就属于保险责任。通过这样的案例，加深了学生的记忆，达到了教学的效果。

第三，不断更新教学内容，做到与市场接轨。

实务课的一个非常显著的特点就是变化快。实务课的内容不像理论课一样，内容可以长久不变。因此，实务课的教学必须讲究与时俱进。特别是在当前，伴随着多种信息传播工具的广泛使用，很多涉及本专业、本课程中的某些问题会成为媒体上讨论的焦点，这就给实务课教师提出了更高的要求，首先不能回避该问题，其次要有意识地关注并引领学生去思考该问题，与学生共同商榷，得出专业的见解。很多媒体上一边倒的声音，未必是正确的，让学生从专业的角度，更客观、更公正的对待市场中出现的问题。如：前一段时间，网上热议的“无责免赔”和“高保低赔”的问题。在课堂上，首先提出目前的这一焦点问题，引起学生的关注，也许有些学生已经注意到了，同时也会有些学生还不知道，由于教师的提出，使得他们一定会在课下到网上去关注；其次，教师应从专业的角度，引导学生去思考该问题，告诉学生媒体上的观点未必是正确的，原因是什么？让学生真正地做到客观、公正地去思考问题，最终找出解决问题的办法。再如：2003 年北京车险市场化改革的过程中，曾经媒体上对于当时某公司车险条款中的绝对免赔额 500 元这一项提出质疑，认为这一规定，有可能产生“道德风险”。针对这一话题，教师在课上就提问学生，我们在保险学原理中，曾经学过“绝对免赔”和“相对免赔”的概念，但两者到底区别在哪里？今天媒体对上述问题 质疑，刚好给了我们一个鲜活的例子。媒体上的质疑正是说明该作者混淆了两者的概念，从而误导了受众。作为保险专业的学生，应该有自己正确的认识。不仅如此，教师还应尽可能的抽出时间，撰写文章，指出媒体文章的错误之处，尽到作为一名教师的社会责任。

第四，不断地发现生活中与本专业相关联的新闻和话题，提高学生的专业学习兴趣。

学生的专业嗅觉通常不是很敏感，作为教师要善于捕捉生活中的与本专业相关的新闻和事件。如：当年美国的“9·11”事件以及今年年初的日本“地震后引发的大海啸”，无不震惊全世界。但灾难过后，就涉及损失的赔偿问题，同时也就与我们的保险密不可分。无论是美国，还是日本，都是保险业发达国家，在讨论灾后补偿的问题上，一定会有相关的保险数据，特别是会涉及再保险的一些问题和数据，启发和引导学生有意识地去查找相关的资料和数据，无论是对现在学习本课程，还是将来撰写论文，做一些前期的积累。再如：2008年“汶川地震”发生后，我们会去思考我国针对巨灾的应对机制有哪些？与发达国家的差距在哪里？造成的原因是什么？如何借鉴发达国家的经验，为我所用？学生们从自己身边发生的这些鲜活的案例中，学会了思考问题，提高了专业学习的兴趣，同时也丰富了课堂学习的内容。

第五，提倡并鼓励学生去实务单位实习，将所学的理论与实践相结合。

学生除了课本中的理论学习外，很重要的一点就是要多接触实务，利用寒、暑假或第三小学期，到实务单位实习。然而，学生的社会关系有限，因此，需要教师动用一切社会关系，帮助他们联系实习单位，真正做到理论与实践相结合。把在实习过程中遇到的问题，回来再与教师讨论，就会印象非常深刻。如果学生真能做到这一点，一定会受益匪浅。以往，我们经常会听到教师抱怨学生，提不出问题，或是不会提问题，试想如果学生只是在课堂上被动地接受，如何又能提出问题。

总之，作为一名专业课教师，特别是实务课的专业教师，绝不仅仅是把书本上该讲的理论知识传授给学生就了事了那么简单，它需要有过硬的专业学识，敏锐的专业洞察力，极强的爱心和高度的职业责任感才能胜任，这也是我——作为一名专业课教师一生所追求的目标。

关于《国际金融》课程国际化教学的几点思考

周　晔　朱玉文

[摘要] 国际金融教学应以向社会输送复合型国际化人才为目标，采用课堂教学与社会实践相结合的方法，努力培养有扎实的专业基础、较宽的专业口径、良好的外语应用能力以及具有较强的学习能力、适应能力和创新能力的国际型经济管理专业人才。围绕这个国际化的教学目标，《国际金融》课程应进行双语教学、社会实践教学、与其他学科交叉教学等方面的调整与变革。为更好地促进国际金融教学改革的进行，还应进一步加强师资队伍建设，建立良好的国内外交流平台，积极探索和拓宽国内外学术交流渠道。

[关键词] 国际金融　教学方法　双语教学　变革

中国经济日益融入全球化，越来越多的中国企业开始以各种形式走向国际市场，开展国际化业务。在这一背景下，社会对国际化金融人才的需求量不断上升，同时对国际化金融人才的培养也提出了新的要求。国际金融是一门综合性的课程，是金融专业的核心主干课程，国际金融理论能帮助未来的国际经济宏观管理者认识当前世界金融经济形势，判断未来金融经济走势，并对引导国际经济交往和资本流动提供理论上的支持；国际金融实务则能为未来从事外贸进出口报价核算业务、外贸企业经营管理的风险防范以及投融资安排提供业务上的指导。所以，面对当前的金融形势以及社会对国际化金融人才 的需求，现有国际金融专业应提高对金融国际化教学的重视程度。在教育观念和教育模式上，要突出与国际接轨，将创新精神和创造能力的培养放在首位；在国际金融课程设置上，则应侧重培养具有国际化视野的，具有较高综合素质，专业实践能力强的创新型实用人才。

一、《国际金融》教学的设置应突出国际化教学的特点

经多次教学研讨，我院对国际金融人才培养的目标基本形成了共识，即以向社会输送复合型国际化人才为目标，采用社会实践与课堂教学相结合的方法，努力培养有扎实的专业基础、较宽的专业口径、良好的外语应用能力以及具有较强的学习能力、适应能力和创新能力的国际经济金融管理专业人才。围绕这个国际化的教学目标，《国际金融》课程教学需要进行以下几个方面的调整与变革。

1. 牢固把握国际化教学特色，加强社会实践教学训练。近几年来，国内大学生的就业率持续走低，其中一个不可忽视的因素就是很多专业的设置、课程的内容安排等不符合企业的要求所致，在课堂上学习的知识和市场需要之间的脱钩已成为阻碍大学生就业的瓶颈问题。因此，国际金融的教学内容必须弃旧创新，构建适应金融发展要求的课程体系和教学体系；必须坚持理论联系实际的原则，加强实验性教学环节，切实培养学生综合运用知识的能力。

长期以来，我院金融教学十分重视课堂理论教学，忽视实践教学体系，实验性国际金融职业训练方式极少，学生的动手能力不强，不少学生眼高手低，毕业后大多不能很快地适应实际的工作。为此，我们要重点加强实践环节和实习基地建设，加强产学合作。具体来说，就是实现信息化、开放式、实践性教学。

国际金融课程具有较强的应用性和实践性，要求学生必须掌握一般的国际金融业务操作程序，如外汇交易实践操作、外汇风险管理、贸易融资业务的运用等。参加社会实践能够加强学生对相关实务性强的课程内容的理解，训练学生实际应用和具体操作能力。以外汇风险管理的教学为例，在授课过程中，完全可以深入外贸企业了解这些措施在实际运用的效果及局限性。

学生进行社会实践的形式可以多元化，可以采取“走出去”的方针，引导学生到期货交易所、证券公司、银行等金融机构及有经营进出口权的企业或大型的跨国企业进行实践；或者是与金融企业共建校外实践教学基地，让实践教学长期化、系统化、规范化。通过这些实践性的教学，引导

学生到有关金融机构、企业开展参观调研、业务操作等，将书本上的一些抽象概念和理论变成看得见、摸得着、实实在在的知识和技能。与此同时，在积极"走出去"的同时也可"请进来"，聘请银行、证券公司等金融机构有丰富经验的主管领导和校友，对相关的业务环节进行专题讲授，并解答学生在学习过程中遇到的各种问题，这样可以弥补任课教师理论功底见长而实践经验不足的缺陷。

2. 顺应教育发展的国际化要求，灵活开展双语教学。国际金融是与开放经济密切相关的一门学科，在经济全球化和金融一体化发展的背景下，《国际金融》课程必须利用双语教学方法，为学生今后从事国际贸易、国际金融工作奠定一定的英语基础，培养学生熟练应用英语从事涉外经济活动的能力。双语教学的教学目的是营造课堂内外双语语境，培养英语思维能力，在专业学习中促进英语水平的提高。通过选用原版教材和辅导教材，用先进的教学方法，以最快速度跟踪学科的最新动态和发展，培养学生成为精通英语和专业、具备国际竞争力和全球视野的应用型、复合型、创新性和国际化金融管理创新人才。我们学院已经开设了国际金融的双语教学，但是，双语教学并不是简单的中英文授课而已，为了提高学生的课堂积极性，双语教学的教学方法应该多样化。

（1）模拟场景教学。为使学生就业后更好地适应涉外金融业务临柜操作的需要，有必要在国际金融双语教学中适当运用场景模拟教学法。所谓场景模拟教学，是指人为创造（模拟）一个涉外金融业务的实际操作环境，在教师的指导下，学生运用所学过的金融知识，用英语来处理操作金融业务。场景模拟涉及金融英语听、说综合能力和对金融业务的处理操作能力，这样的教学方法真实生动，既能够提高学生对金融英语的综合运用能力，又能够活跃课堂气氛，激发大家学习金融英语的积极性和主动性。

（2）小专题讨论。不少人戏称大学里掌握的英语为"聋子英语"和"哑巴英语"，这从一个侧面说明学生缺少实地英语听说练习的机会。学习国际金融英语也是如此。为避免上述情况的发生，双语教学教师可以尝试举办一些小型的国际金融专题讨论会。这种教学形式既能够综合锻炼学生的英语听、说、写、译等方面的能力，也能够巩固他们的专业知识，实现英语与专业知识的有机结合。

（3）互动式教学。互动式教学与其说是一种教学方法，倒不如说是一种课堂气氛的创造。一切能够引发教师教和学生学的交流的教学方法都可以称为互动式教学。双语教学中尤其要重视“互动”的课堂气氛。在这里，“互动”就是要做到课堂上师生之间的信息交流，主要表现为语言沟通。有了这种沟通，学生是否能接受、理解讲授的内容、理解到什么程度，教师会一目了然。如果某个词汇学生不理解、某个段落没听懂，通过语言交流传达给教师，一方面学生有了主动参与和练习口语的机会，另一方面，教师也可因地制宜，根据学生的反馈调整教学内容和进程，改善表达方式，从而逐步提高课堂教学质量。

3. 拓宽教学内容，注重与其他相关学科之间的交叉融合。要培养高层次、国际化的金融人才必须具备国际化的视野。为此，除在金融课程设置上应该加大国际化方面的课程之外，还应该注重国际金融与其他相关学科之间的交叉融合，其中包括：

（1）市场经济是法制经济，调节市场运行和交易行为的最重要的制度基础就是法律。加强国际金融学与法学的内在结合，即注重国际金融运行自身的法律问题研究，开设国际金融法学方面的课程。

（2）金融活动通常以数理模型为基础，缺乏较高深的数理知识，就无法设计和开发新型金融工具。充分利用已有的金融数学化发展的成果，开设金融工程学、金融随机过程、金融时间序列分析等已经数学化的金融课程。

（3）外语和计算机应用本领更是跟随金融学科发展所不可缺少的工具性技能。要加强国际金融专业课的双语教学，直接将信息技术引进日常的国际金融专业教学之中，例如可以开设金融电子化、网络金融方面的课程。

（4）在现有国际金融课程基础上，争取开设更多相关的国际化专业课程，如：国际会计学、国际统计学等。通过学科之间的交叉融合，将理论知识和专业应用相结合，让学生的知识结构更加合理化、全面化，增强学生的适应能力和应变能力。

二、努力建设高水平的国际化师资队伍，提高教学的国际化水平

教师队伍国际化是保证高等教育国际化的最基本条件，具有国际知识

和经验的教师可以直接推动教学、科研向着国际化的方向发展，为实现教育国际化提供捷径。为更好地促进国际金融教学改革的进行，学院应贯彻“走出去、请进来”的方针策略，通过建立良好的国内外交流平台，积极探索和拓宽国内外学术交流渠道，这样既可以进一步加强师资队伍建设，也能为学生创造更多的出国学习的机会。

为此，一方面可以引进国际金融学方面的海外杰出人才，或者面向世界知名学府招聘知名国际金融学者任教，多渠道引进外籍教师，切实做好外籍教师的管理工作。这是提高学校办学水平、增强学校知名度和国际化程度的有力措施，不同文化背景的教师在一起，形成不同文化的碰撞，有利于知识的创新。通过他们高水准的研究和教学工作，提升整个师资队伍水平。

另一方面，要鼓励现有年轻的金融教师跨校进修、出国研修，到金融机构从事项目研究。学院应积极为青年教师出国学习搭建平台，制定人才境外培养计划，有重点地培养教学、科研和管理国际化人才。同时，学院应努力争取教育部、民间基金组织及政府间交流出国留学项目，有计划地选派教师到国外进修、访问、讲学，进行合作研究，学习和吸取大量国际新知识，了解和接触当代国际金融的最新学术动态，从而获取国际经验，使教师的知识结构和研究能力与金融发展同步前进。

三、探索和开拓国内外学术交流渠道，完善国际化教学体系

在学术交流方面，应通过邀请国内外著名的国际金融学专家、学者到校开设短期课程或作学术报告，来丰富国际金融课程的内容，拓展学生的视野，让学生有更多的机会接触学术前沿。同时，还可以促进我们学院与各国之间的交流，进一步拉近我们与国内外先进高校之间办学水平的差距，提高教师的教学水平与教学理念，进一步地完善国际金融的教学体系。

对学生来说，应积极探索国际金融的国际科研合作与学生交换渠道，开展多渠道、多层次、多形式的国际交流与合作，扩大学校的国际化影响。根据不同学生的发展要求，积极与国外高校开展联合培养项目，不断扩大学生交流范围。同时，扩大海外友好合作院校或教育机构范围，提高

合作层次，建立国际交流与合作的健康发展机制，包括留学生招生市场拓展机制、学生出国留学教育机制、高层次专业性外教聘请机制、合作办学项目良性运行机制等。还可以利用科研合作、学术交流的机会，与国外友好合作院校签署双方合作备忘录，为学生创造更多的出国学习的机会。让学生通过海外求学，来锻炼自己的自主性、创造性，提高其学习和工作的能力，优化其思维方式和心智成熟度，成功奠定学生未来职业发展的道路。

上述国际金融的国际化教学方法改革能够大大提高学生的学习积极性以及增强学生学习的主动性。通过这种理论学习和实践的紧密结合，能够锻炼学生对国内外国际金融问题的认识和把握能力、描述和解释现实问题的能力、运用知识的能力和实际动手操作的能力。当然，在信息技术革命和经济全球化的推动下，国际金融将会面临更多的新问题和新挑战。因此，在总结和完善上述国际化教学改革方法之外，还要不断探索新的、更为行之有效的国际化教学方法。

参考文献

1. 树杰．开展《国际金融》双语教学的实践探索［J］．金融教学与研究，2010（03）.

2. 常亮，余芳．对后经济危机时代下《国际金融》课程教学的思考［J］．考试周刊，2009（32）.

3. 张衡，张侦．浅谈高校双语师资培养培训［J］．黑龙江教育，2006（12）.

4. 吴成颂．《国际金融》课程体系改革的思考［J］．理论界，2007（10）.

论我国消费金融公司的发展对策

王　苹

消费金融公司主要是指为居民个人提供以消费为目的贷款的公司，是满足居民个人消费信贷业务的专业性金融机构。其具有不吸收公众存款、审批过程短期、贷款额度化小等特点，对于促进消费需求的增长从而推动经济的发展起到了重要的作用。消费金融公司在欧美发达国家以及亚洲的日本和我国台湾等地区已经有比较成熟的运作模式，在个人信贷领域，消费金融公司具有与商业银行个人贷款业务、信用卡业务三分天下的重要地位。然而，长期以来我国的个人消费信贷市场发展缓慢，经营消费信贷业务的金融机构类型还非常少，只有商业银行和汽车金融公司这两类机构，因此，2009 年 8 月银监会推出了《消费金融公司试点管理办法》，并于 2010 年分别批准由北京银行、中国银行和成都银行作为主要出资人成立消费金融公司。消费金融公司的出现，对促进我国消费需求的增长和内需的扩大具有非常重要的意义。

一、阻碍我国消费金融公司发展的主要因素

目前，我国消费金融公司的发展还处于起步阶段，还存在着多种因素阻碍着消费金融公司的发展。

（一）业务范围受限难以创新

按照银监会界定，消费金融公司的主要业务范围只限于家用电器、电子产品等耐用消费品，以及用于个人及家庭旅游、婚庆、教育、装修等消费事项的一般用途个人消费贷款。房贷、车贷等在百姓中热门的信贷业务消费金融公司不得参与，这样就使得消费金融公司失去了很多客源，难以形成大规模的市场。消费金融公司贷款的特点是小额、期限短、没有抵押

和担保，目前能承担的用于百姓生活的贷款份额只占市场需求的20%。而且，在短时间内，消费金融公司的业务还很难得以扩展，这为其产品创新带来了一定的难度，很难在短时间内提升自身的竞争力。

（二）资金来源狭窄影响可持续发展

我国的消费金融公司在资金来源方面有制度上的限制。根据《消费金融公司试点管理办法》的要求，消费金融公司只能通过境内同业拆借、向境内金融机构借款以及经批准发行金融债券方式来获得资金来源。由于《消费金融公司试点管理办法》规定，消费金融公司主要出资人必须为境内外金融机构和银监会认可的其他出资人，且要具有5年以上消费金融领域的从业经验，资产总额要不低于600亿元。若出资主体自有资金有限，消费金融公司又面临融资困难的境况时，由于消费金融公司不可接受公众存款，资金来源必定受到很大影响，其资金运用成本也必然增加。这无疑是消费金融公司的一个突出的经营风险，如果资金来源压力过大，那么消费金融公司也难以维持下去。

（三）收益无法得到保证

消费金融公司主要面向收入不太稳定的年轻阶层，通过提高利率可以弥补高坏账率，实现合适的股本回报。但是按照《消费金融公司试点办法》的规定，业务办理时其信贷利率不能够超过同期利率的4倍，这个利率上限设置偏低，股本回报空间有限。《消费金融公司试点办法》已将利润上限锁定，但是对其税收的界定还没有明确的规定。一般信用社按3%的税率征收营业税，但是消费金融公司是否按照信用社标准征收还是没有明确。消费金融公司是一种创新的消费金融信贷机构，与一般商业银行和小额贷款公司不同。如果在营业税征收方面执行金融行业5%的营业税率，那么消费金融公司很有可能在利润方面受到影响。

（四）内部组织机构不完善

消费金融公司是新成立的一种金融机构，组织机构的设立还不完善。我国的消费金融公司都附属于大的商业银行，在部门设置上，结构相当简单，员工数量比较少。虽然消费金融公司的个人消费信贷业务金额小、期限短，但是其有着复杂且专业化的流程。这就需要消费金融公司尽快建立一个完善的组织机构，将各个流程分级管理和监督，确保业务的顺利展开。

（五）专业性人才缺乏

目前我国消费金融公司的工作人员多来自商业银行和应届毕业生，来自商业银行的人员经验不足，应届毕业生也没有接受过专门课程的培训，所以这给消费金融公司的运作带来一定难度。消费金融公司由于专门经营个人消费信贷，非常看重人与人之间交流与沟通的能力，这就要求消费金融公司的员工不仅要了解公司相关产品的性质，还要有发现潜在客户的能力，能很好地与客户进行沟通。

（六）个人信用体系的不健全

消费金融公司的正常运转需要较为成熟的市场环境和良好的信用体系，这样消费金融公司与客户之间才可以做到充分的信赖。但是我国的个人信用体系还处在发展阶段，还没有一套可以覆盖全社会的个人信用体系，银行及其他金融机构之间无法完全共享信用记录，现在只能查到信用卡使用状况以及房贷等相关信息，在个人名下其他的信息涉及的不够完整，一些处罚信息不能及时得到。消费金融公司在发放贷款时，仅凭这些简单的信用记录来识别客户，难免会有一些疏漏和损失，会面临贷款无法收回的风险。一旦出现这样的情况，就会影响消费金融公司营运资金的周转。

（七）缺乏相应的法律法规

目前我国还没有一套统一规范消费信贷活动和调整消费信贷关系的全国性法律。以往我国关于调整消费信贷的规范性文件，层次还很低。如中国人民银行于1994年12月12日发布《个人定期储蓄存款存单小额抵押贷款办法》、1999年3月2日发布《关于开展个人消费信贷指导意见》，中国银监会于1995年发布《商业银行自营住房贷款管理暂行办法》等。这些“管理办法”和“指导意见”均未达到全国人大及其常委会的立法层次。

二、促进我国消费金融公司发展的对策

（一）引进民间资本以拓宽资金来源

我国银监会发布的《消费金融公司试点管理办法》中，规定设立消费金融公司的机构必须满足最近1年年末总资产不低于800亿元人民币或等值的可自由兑换货币，以及具有5年以上消费金融领域的从业经验。从我国当前的实际经验来看，同时满足以上两个条件的只有商业银行。但是商业银行自身有大额贷款客户，业务固定且有较高收益，所以商业银行往往不愿将过多精力放在发展消费金融公司上面。并且受资金规模的限制，消费金融公司的业务也不会做的太大。我们可以降低消费金融公司的准入门槛，引入民间资本。民间资本的引入不仅扩宽了消费金融公司的资金来源，还可以促进金融行业的竞争，建立多层次的金融体系。

（二）实行灵活的利率政策以防范风险

消费金融公司应根据风险的变化情况来灵活调整利率，以有效防范不同客户的信贷风险。我国《消费金融公司试点管理办法》规定，消费金融公司向个人发放消费贷款的余额不得超过借款人月收入水平的五倍，客户在还款时，可根据个人情况来选择分期还款方式，还款期最长为三年，消费金融公司制定的贷款利率区间可在基准利率标准上浮至四倍。浮动的利率制度为消费金融公司提供了灵活的经营方式，消费金融公司可以将客户按信用记录和风险承担能力分成不同的等级，每个等级设定不同的消费贷款金额和相应的利率。对于信用记录好、贷款积累额多的客户，可以享受优惠利率，方便优质客户的持续贷款。这样的好处在于不仅可以有效抵御客户的信用风险，还可以扩大业务来源，增加不同的服务项目，增强消费金融公司的盈利能力。

（三）促进产品的创新以增强竞争能力

在激烈的市场竞争中消费金融公司要想生存和发展，就必须加强产品的创新。因此，消费金融公司应根据国情，结合各发起机构自身的特点，

成立专门的产品设计部门来进行产品研发。可尝试开办服务性消费贷款。因为在日常生活中，居民的服务性消费支出占了很大比例，主要包括医疗费、教育费用、养老费用等。目前，我国的消费金融公司主要是针对实际商品进行贷款，服务性贷款很少，仅有旅游、装修、婚庆和教育等。但是我国居民对于养老、医疗等支出都在消费中占有很大比重，如果消费金融公司可以提供更多的服务性消费贷款，可以更大限度的方便居民。

（四）加强贷款的营销和风险的防范

我国的消费金融公司可以采用建立分销网络的方式。这种方式比较灵活多样，例如最基础的是消费金融公司可以在不同区域设置较多的营业网点，以满足消费者方便进行贷款，这类似银行众多的网点设置；此外还可利用各种直销渠道，如电子邮件、呼叫中心、电话传真等贷款申请渠道，这需要消费金融公司扩大自己的客户服务中心；消费金融公司还可以经常与百货公司、大型购物中心等大型零售商结盟，提供即时贷款申请服务。如建立业务合作联盟，按照商业链条与销售商户、售后服务商等建立合作关系，将消费金融服务嵌入其中，使消费者在购买到最优惠价格产品的同时，享受快捷便利、全方位一体化服务。

贷款风险的防范应落实到贷款受理、贷前调查、贷款审批、贷后管理的每一个环节。在贷款受理环节，风险控制要点主要为借款申请人的主体资格是否符合消费金融公司试点办法规定和借款申请人所提交材料的完整性和规范性。在贷前调查环节，贷前调查消费金融公司较商业银行简单快速，但是要根据实际情况准确对贷款申请做出评价，主要判断申请人提供的材料真实与否。在审批环节，消费金融公司要注重控制业务是否合规，业务风险与效益是否匹配。贷后管理环节主要包括贷款发放、贷后检查、档案管理等。这个过程最基础的一点是要尽可能详细的核实客户资料，如果客户信息不足，也要尽可能的采取其他手段来对客户进行征信调查，例如家访等实地调查。

（五）加强人才队伍的建设以提高员工素质

目前，我国消费金融公司人才队伍的建设应从以下两个方面着手：第一，建立内部专门的培训机构，构架消费金融公司从业人员知识结构，公司内部可以建立专门的培训机构，加强公司人才队伍岗位培训管理，建立一套标准规范的岗位培训体系并使其制度化。定期对工作人员进行专业化、系统化的培训。培训的内容应包括信贷理论、金融法规、营销理论、客户关系理论等基础知识。第二，建立与其员工绩效挂钩的激励机制。工作绩效可以根据个人客户关系管理、个人信贷产品营销、客户满意度等内容进行评判，充分调动员工的创造性和积极性，根据员工的贡献来评价其创造的价值，形成一套科学合理的激励约束机制和准入退出制度。

（六）加强监管以营造健康的经营环境

消费金融公司的贷款风险非常高，如果借款人盲目贷款，监管机构监管不严，发生大量逾期贷款和坏账，将会对其经营带来很大的损失。这样不仅不能助推我国经济的发展，反倒会扰乱我国经济秩序。所以，我国必须要建立完善的金融监管体制，为消费金融公司营造一个健康良好的环境。为此，我国的监管机构如银监会应定期对消费金融公司进行定期的合规性检查，对检查结果及相关数据进行全面分析，并通过消费金融公司的经营成果对其合规风险管理的有效性进行评价。如果出现违规操作，监管当局应及时对其通报、批评、令其限期改正等，采取相关措施尽快对违规行为进行处理，降低经营风险，对其他消费金融公司也起到警示作用。

（七）加快相关法律制度建设和社会保障体系的完善

消费金融公司的健康快速的发展离不开消费信贷法律的支持，而我国从1981年商业银行开展消费信贷业务以来，就缺乏相关的法律保障。目前在西方已经有日渐成熟的个人破产制度，即是一种制裁形式，也是一个安全阀。我国可以充分借鉴西方个人破产法的实践经验，建立适应我国的个人破产制度，但是这并不意味着所有申请贷款的当事人都可以摆脱债务关系从头再来，个人破产法必须明确规定什么样的条件下才可以申请破产，并且还要规定不许可免责的事由，申请破产必须得到法院的批准。

社会保障体系的完善会使更多居民享受到基本的保护，敢于进行个人消费信贷，从而扩宽消费金融公司的客户资源。因此，我国应进一步扩大社会保障覆盖范围，统筹城乡，并加强农村社会保障体系建设。同时，我国应针对国民保障需求的多元化，建立多样化的社会保障模式。